ANGELIKA ILIES

20 minuten
sind genug!

und dann ab in den Backofen

ANGELIKA ILIES

20 minuten sind genug!

und dann ab in den Backofen

Fotografie: Thorsten Suedfels

QUALITÄTS G|U GARANTIE

DIE GU-QUALITÄTS-GARANTIE

Wir möchten Ihnen mit den Informationen und Anregungen in diesem Buch das Leben erleichtern und Sie inspirieren, Neues auszuprobieren. Bei jedem unserer Bücher achten wir auf Aktualität und stellen höchste Ansprüche an Inhalt, Optik und Ausstattung. Alle Rezepte und Informationen werden von unseren Autoren gewissenhaft erstellt und von unseren Redakteuren sorgfältig ausgewählt und mehrfach geprüft. Deshalb bieten wir Ihnen eine 100 %ige Qualitätsgarantie.

Darauf können Sie sich verlassen:
Wir legen Wert darauf, dass unsere Kochbücher zuverlässig und inspirierend zugleich sind.
Wir garantieren:
- dreifach getestete Rezepte
- sicheres Gelingen durch Schritt-für-Schritt-Anleitungen und viele nützliche Tipps
- eine authentische Rezept-Fotografie

Wir möchten für Sie immer besser werden:
Sollten wir mit diesem Buch Ihre Erwartungen nicht erfüllen, lassen Sie es uns bitte wissen! Nehmen Sie einfach Kontakt zu unserem Leserservice auf. Sie erhalten von uns kostenlos einen Ratgeber zum gleichen oder ähnlichen Thema. Die Kontaktdaten unseres Leserservice finden Sie am Ende dieses Buches.

GRÄFE UND UNZER VERLAG
Der erste Ratgeberverlag – seit 1722.

schnell und unkompliziert

Täglich soll etwas Warmes auf den Tisch kommen. Lecker soll es sein, der ganzen Familie schmecken. Gesund soll es sein, möglichst oft mit frischen Zutaten gekocht. Und dabei soll sich der Aufwand in Grenzen halten. Wir zeigen Ihnen, wie leicht das alles gelingt. Versprochen!

Unsere Rezepte machen vier Personen glücklich. Und die Zutaten dafür bekommen Sie in jedem größeren Supermarkt. Vieles können Sie gut auf Vorrat kaufen und für spontanes Kochen in den Schrank stellen. Sie brauchen höchstens 20 Minuten, in denen Sie schnippeln, rühren oder köcheln müssen. Dann kommt alles in eine ofenfeste Form oder aufs Blech und ab in das heiße Rohr! Auch jetzt müssen Sie nicht stundenlang warten – nach höchstens 30 Minuten klingelt die eingestellte Uhr und ruft die Familie an den Tisch. Und zwischendurch? Können Sie allerhand erledigen, beispielsweise die Küche aufräumen und den Tisch decken oder noch rasch ein Dessert zubereiten. Sie können sich aber auch gemütlich aufs Sofa setzen und die Zeitung lesen. Einfach genial! Und wenn Ihre Lieben nicht sofort gesprungen kommen, sobald Sie sie zu Tisch rufen, macht das unseren Ofengerichten meist gar nichts aus. Die können problemlos einige Minuten auf ihren großen Auftritt warten.

in rekordzeit vorbereiten

Mit Hexerei hat das nichts zu tun. Unsere schnellen Ofenrezepte gelingen problemlos – dank guter Planung und der richtigen Reihenfolge der einzelnen Arbeitsschritte. Mit unseren Tipps können Sie zusätzlich Zeit sparen.

Die passenden Formen

Durchforsten Sie Ihren Schrank: Was kann der Ofenhitze trotzen? Am besten eignet sich spezielles Geschirr aus hitzebeständiger Keramik oder feuerfestem Glas. Sie können aber auch auf Backformen, Bräter oder Reine ausweichen. Oder auf Töpfe – sofern diese keine Kunststoffgriffe haben. Bevorzugen Sie breite und flache Formen. Denn an niedrig eingefüllte Zutaten gelangt die Hitze besser und schneller, Eiermilch oder Eiersahne stockt rascher, alles wird in kürzerer Zeit gar. Wenn Sie höhere Formen verwenden, Backzeit verlängern und etwas niedrigere Temperatur einstellen.

Einfetten?

Wird etwas auf dem Blech gebacken: Backpapier unterlegen! Ansonsten gilt: Sie können die Formen vorher mit Öl bepinseln oder mit Butter ausreiben, müssen es aber nicht. Das Einfetten hat den Vorteil, dass die Zutaten später leichter aus der Form kommen und diese sauberer bleibt. Aber es braucht natürlich auch Zeit. Haften später Reste am Rand der Form, stellen Sie sie einfach in Wasser, um alles aufzuweichen.

Die perfekte Hitze

Wir backen alle Gerichte bei Ober- und Unterhitze und stellen die Formen in den vorgeheizten Backofen, damit die Backzeit möglichst kurz ausfällt. Falls Sie Umlufthitze bevorzugen, können Sie die Temperatur etwa 10 Prozent niedriger einstellen. Bei den kurzen Zeiten sollten Sie aber auch Umluftöfen vorheizen. Es ist nicht wichtig, ob der Ofen bereits die im Rezept geforderte Temperatur voll erreicht hat. Wenn die Anzeige statt bei 200° erst bei 180° steht, können Blech oder Form trotzdem schon hinein.

Blitzschnelle Beilagen

Baguette, Ciabatta oder anderes Brot, z. B. Baguette mit Kräuterbutter aus der Kühltheke, passt eigentlich immer. Sättigendes wie Instant-Couscous, Polenta oder Kartoffelpüree verlangt nur nach kochendem Wasser – stellen Sie Packungen mit Ihren Lieblingsbeilagen in den Vorratsschrank. Auch Nudeln oder Reis mit kurzer Kochzeit bieten sich an. Fans frischer Salatbeilagen wählen Eisbergsalat, Gurke oder Tomaten: Die sind ruck, zuck gewaschen und geschnippelt.

EINKAUF & VORRAT

Schnelle Küche fängt beim Einkauf an, auch eine gut durchdachte Vorratshaltung ist hilfreich. Legen Sie verschiedene Basics in den Schrank – einige Rezepte können Sie dann sogar ohne vorherigen Supermarktbesuch in den Ofen und auf den Tisch zaubern.

SINNVOLLE VORRÄTE

Auf ihren Einsatz warten im Kühlschrank Eier, Milch und Käse, aber auch Fertigteige und robuste Gemüsesorten. Im Tiefkühler liegen Obst und Gemüse sowie Kräuter bereit. Der Vorratsschrank sollte Konserven wie Mais, Tomaten und Hülsenfrüchte beherbergen, zudem Schnellkochreis, Bulgur, Instant-Polenta, Nudeln und Eingelegtes wie Oliven.

FLEXIBEL UND KREATIV

Sie möchten ein bestimmtes Rezept kochen, einzelne Zutaten sind aber nicht vorrätig? Nehmen Sie eine passende Alternative mit nach Hause, etwa eine andere Gemüsesorte oder einen anderen Käse.

RESTE VORHANDEN?

Übrig gebliebene Kartoffeln oder Nudeln, Reis oder Reste der Gemüsebeilage oder des Sonntagsbratens können blitzschnelle Basis für einen leckeren Auflauf sein. Ofengerichte sind die ideale Resteverwertung.

EXPRESS-ZUTATEN

Wenn es Ihnen auf jede Minute ankommt: Wählen Sie Nudeln mit kurzer Garzeit. Zwei große Kartoffeln sind schneller geschält und zerteilt als sechs kleine, eine Lauchstange ist rascher vorbereitet als ein Bund Frühlingszwiebeln. Die Liste lässt sich fortsetzen – denken Sie beim Einkaufen daran!

TURBO-KÜCHE

Wer die Arbeitszeit im Alltag verkürzt, schafft Freiraum für andere Dinge. So ist es auch beim Kochen. Planung, schrittweises Zubereiten und der Griff zu hilfreichen Küchengeräten gehören dazu.

RUCK, ZUCK KLEIN

Mit einem großen Messer würfeln Sie Zucchini und andere Zutaten in Sekundenschnelle: Zucchini jeweils längs halbieren, die Hälften nochmals längs halbieren oder sogar vierteln, bis die Streifen die gewünschte Breite bzw. Dicke haben. Dann alle Streifen mit den Fingern zusammenschieben und quer durchschneiden – so haben Sie mit einem Schnitt gleich 4, 8 oder gar 12 ähnlich feine Stücke oder Würfel.

WASSER AUFKOCHEN

Einen großen Topf Wasser auf dem Herd zum Kochen bringen – das sprengt rasch Ihr 20-minütiges Zeitbudget. Schneller geht es, wenn Sie bereits heißes Wasser aus der Leitung in den Topf gießen. Oder Sie bringen es teils im Topf und teils im Wasserkocher oder in der Mikrowelle zum Kochen – das spart Zeit und Energie.

ZEITSPAR-GERÄTE

Gutes Handwerkszeug beschleunigt das Kochen enorm. Scharfe Messer in unterschiedlichen Größen sind unverzichtbar, ebenso ein oder zwei große Schneidebretter. Weitere flinke Küchenhelfer: Knoblauchpresse, Reibe, Mixer, Pürierstab und Blitzhacker.

WIRKLICH SCHNELL

Die Rezepte sind Schritt für Schritt beschrieben, und dadurch gelingt alles garantiert in Rekordzeit. Muss Wasser aufkochen, wird währenddessen Gemüse geschnippelt. Selbst die Aufheizzeit der Bratpfanne lässt sich für andere Tätigkeiten nutzen, etwa zum Anrühren einer Sauce.

BUNT GEMISCHT MIT VIEL GEMÜSE

15 min. ZU TUN
25 min. IM OFEN

ALLES VON EINEM BLECH

karamellisierte kürbisspalten

1 Hokkaidokürbis (ca. 1 kg)
5 EL Öl
Salz | Pfeffer
1 TL edelsüßes Paprikapulver
5 EL Ahornsirup
2 grüne Paprikaschoten
400 g Schupfnudeln (Kühlregal)
50 g Sonnenblumenkerne oder Kürbiskerne
100 g geräucherter Schinken in kleinen Würfeln
75 g geriebener Emmentaler
Und: Backblech | Backpapier

Für 4 Personen
Pro Portion ca. 560 kcal, 22 g EW, 28 g F, 52 g KH

1 Den Kürbis waschen und putzen, unansehnliche Stellen wegschneiden. Den Kürbis in 1 ½–2 cm dicke Scheiben schneiden. Die Scheiben halbieren, Kerne und Fasern entfernen.

2 Den Backofen auf 200° vorheizen. Das Öl mit Salz, Pfeffer, Paprikapulver und dem Ahornsirup in einer breiten Schüssel verrühren.

3 Die Paprikaschoten vierteln, Stielansätze, Kerne und Trennhäute entfernen, die Viertel dann waschen. Kürbis und Paprikaschoten in der Öl-Sirup-Mischung wenden, dann auf dem mit Backpapier belegten Blech verteilen.

4 Die Schupfnudeln dazwischen verteilen. Die Kerne, den Schinken und den Emmentaler darüberstreuen. Alles im vorgeheizten Ofen (Mitte) ca. 25 Min. backen.

MAL ANDERS MIT MEHR FLEISCH **Schweinefilet in dicke Medaillons schneiden, rundherum würzen und zusammen mit den anderen Zutaten auf dem Blech verteilen.**

20 min. ZU TUN
25 min. IM OFEN

SPÄTSOMMER-HIT

tomaten mit couscousfüllung

150 g Instant-Couscous
4–6 in Öl eingelegte Sardellenfilets (Glas)
1 Päckchen gemischte TK-Kräuter (ca. 70 g)
Salz | Pfeffer
8 große breite Tomaten (insgesamt 1200–1400 g)
200 ml Gemüsebrühe
2 EL Tomatenmark
150 g kleine feste Champignons
2–3 EL Olivenöl
Und: breite ofenfeste Form

Für 4 Personen
Pro Portion ca. 315 kcal, 14 g EW, 11 g F, 40 g KH

1 Den Backofen auf 200° vorheizen. Instant-Couscous nach Packungsangabe zubereiten und quellen lassen.

2 Die Sardellenfilets abtropfen lassen, klein schneiden und zusammen mit den TK-Kräutern unter den Couscous mischen. Alles mit Salz und Pfeffer abschmecken.

3 Die Tomaten waschen und trocken tupfen. Von jeder Tomate am Stielansatz eine dicke Scheibe abschneiden und entfernen. Die Tomaten dann vorsichtig mit Hilfe eines spitzen Messers und eines Löffels aushöhlen. Dabei einen ausreichend breiten Rand stehen lassen, damit die Tomaten ihre Form behalten.

4 Die ausgehöhlten Tomaten innen mit Salz und Pfeffer würzen und mit dem Couscous füllen. Tomaten nebeneinander in die ofenfeste Form setzen.

5 Die Gemüsebrühe mit dem Tomatenmark verrühren und neben die Tomaten gießen. Die Champignons waschen oder mit einem feuchten Tuch abreiben, nach Belieben halbieren und in die Sauce geben.
Die Couscousfüllung mit etwas Olivenöl beträufeln. Die Form in den vorgeheizten Ofen (unten) stellen und alles ca. 25 Min. garen.

MAL ANDERS **Statt mit Sardellenfilets können Sie die Couscousfüllung mit klein gewürfeltem Schinken verfeinern – mit rohem ebenso wie mit gekochtem. Auch klein gewürfelte Reste vom Sonntagsbraten oder gebratenen Hähnchen passen wunderbar.**

Herzhaftes unter einer schützenden Decke: Tomaten halten Zucchini und Kartoffeln wunderbar saftig, beim Sauerkraut übernimmt Crème fraîche diesen Job.

THYMIAN-WÜRZIG

bunter kartoffelkuchen

1 Beutel Kartoffelknödelteig (750 g; Kühlregal)
1 Zucchino
4 große feste Tomaten
100 g geräucherter Schinken in kleinen Würfeln
Salz | Pfeffer
2 Knoblauchzehen
6 EL Olivenöl
1 TL getrockneter Thymian
Und: ofenfeste Form

Für 4 Personen
Pro Portion ca. 400 kcal, 10 g EW, 17 g F, 50 g KH

1 Den Backofen auf 200° vorheizen. Den Kartoffelteig in die Form geben und darin flach drücken.

2 Den Zucchino waschen, trocken tupfen, putzen und grob raspeln. Die Tomaten waschen und trocken tupfen, die Stielansätze herausschneiden, Tomaten in dicke Scheiben schneiden. Zucchiniraspel, Tomaten und den Schinken dekorativ auf dem Kartoffelteig verteilen. Mit Salz und Pfeffer würzen.

3 Die Knoblauchzehen schälen, in ein Schälchen drücken und mit dem Olivenöl und dem Thymian verrühren. Knoblauchöl über die Zutaten in der Form träufeln. Alles im vorgeheizten Ofen (Mitte) ca. 25 Min. backen.

VEGGIE-VARIANTE Den Schinken weglassen! Dafür bestreuen Sie Zucchiniraspel und Tomaten vor dem Backen mit klein gewürfeltem Mozzarella, der im heißen Ofen appetitlich zerläuft.

HERBSTLICH-DEFTIG

fruchtiger sauerkraut-auflauf

ca. 400 g Wein-Sauerkraut (s. Tipp)
250 g Kartoffeln
100 g Kaminwurzen oder Kabanossi
1 Bio-Birne
150 g kleine kernlose Weintrauben
Salz | Pfeffer
250 g Crème fraîche
1 Bund Schnittlauch
30 g kalte Butter
Und: breite ofenfeste Form

Für 4 Personen
Pro Portion ca. 490 kcal, 8 g EW, 43 g F, 18 g KH

1 Den Backofen auf 200° vorheizen. Das Sauerkraut ein wenig ausdrücken und in die Form geben.

2 Die Kartoffeln schälen, waschen und klein würfeln. Kaminwurzen oder Kabanossi ebenfalls klein würfeln. Die Birne waschen, vierteln, entkernen und die Viertel quer in Spalten schneiden. Die Weintrauben waschen. Alles zum Sauerkraut geben und damit vermengen. Mit Salz und Pfeffer würzen.

3 Die Crème fraîche gut durchrühren und mit Salz und Pfeffer würzen. Den Schnittlauch waschen, trocken schütteln, in Röllchen schneiden und unter die Crème fraîche rühren. Mischung über dem Sauerkraut-Auflauf verteilen. Die Butter in Flöckchen obenauf setzen. Alles im vorgeheizten Ofen (Mitte) ca. 30 Min. garen.

INFO: SAUERKRAUT Ob verpackt in Dosen und Beuteln oder lose an der Frischetheke oder auf dem Markt: Sauerkraut wird in sehr vielen Varianten angeboten. Jede können Sie für diesen Auflauf verwenden. Besonders fein schmeckt das eher milde Wein-Sauerkraut.

MEDITERRAN

gefüllte paprikaschoten

1 Salsiccia oder 1 Chorizo (100–150 g; ersatzweise 1 grobe Bratwurst)
2 EL Olivenöl
1 Knoblauchzehe
3/4 l Gemüsebrühe
150 g Instant-Polenta (Maisgrieß)
1 große Dose geschälte Tomaten (800 g)
200 ml trockener Rotwein (oder Tomatensaft)
2 TL getrockneter Majoran
Salz | Pfeffer
Tabasco
4 Paprikaschoten
4 EL geriebener Käse
Und: breite ofenfeste Form

Für 4 Personen
Pro Portion ca. 440 kcal, 15 g EW, 21 g F, 38 g KH

1 Den Backofen auf 225° vorheizen. Die Wurst in kleine Stücke schneiden, zusammen mit dem Olivenöl in einen Topf geben und erhitzen. Die Wurst ausbraten. Den Knoblauch schälen und dazupressen. Die Brühe angießen und einmal aufkochen lassen.

2 Instant-Polenta unter die kochende Brühe rühren, die Hitze ausschalten und die Polenta unter häufigem Rühren in ca. 5 Min. ausquellen lassen.

3 Inzwischen die Tomaten einschließlich des Saftes aus der Dose in die Form geben und mit einem Kochlöffel zerdrücken. Wein oder Saft angießen, alles mit Majoran, Salz, Pfeffer und Tabasco würzen.

4 Die Paprikaschoten längs halbieren, waschen und putzen, Stielansätze nach Belieben, Kerne und Trennhäutchen in jedem Fall entfernen. Die Hälften in die Tomatensauce setzen.

5 Die Polenta abschmecken und in die Paprikahälften füllen. Den Käse auf die Polenta streuen. Alles in den vorgeheizten Ofen (Mitte) stellen und ca. 30 Min. garen.

VEGGIE-VARIANTE Die Wurst weglassen, dafür klein gewürfelten Räuchertofu unter die Polenta rühren. Oder den Maisgrieß mit reichlich frischen Kräutern und gerösteten Pinienkernen verfeinern und zum Füllen der Paprikaschoten nehmen.

15 min.
ZU TUN
30 min.
IM OFEN

Klassiker neu kombiniert: Oliven und Tomaten peppen Pfannkuchen und saftiges Hackfleisch auf, Mini-Knödel kullern mit Blumenkohlröschen unter würzigem Käse.

PIKANT GEWÜRZT

pfannkuchen türkische art

1 EL Olivenöl
250 g Rinderhackfleisch
1 Knoblauchzehe
Salz | Pfeffer
1 große Dose geschälte Tomaten (800 g)
75 g entsteinte grüne Oliven
1 Packung Pfannkuchen (4–6 Stück; ca. 300 g; Kühlregal)
4–6 EL Ajvar (Glas)
200 g Schafskäse (Feta)
Und: breite ofenfeste Form oder 4 kleine ofenfeste Portionsformen

Für 4 Personen
Pro Portion ca. 500 kcal, 31 g EW, 28 g F, 33 g KH

1 Den Backofen auf 175° vorheizen. Das Olivenöl in einer Pfanne erhitzen, das Hackfleisch darin rundherum krümelig anbraten. Den Knoblauch schälen und dazupressen, mit Salz und Pfeffer würzen.

2 Die Tomaten einschließlich des Saftes aus der Dose in die Form oder die Portionsformen geben. Die Oliven untermischen, die Tomaten mit Salz und Pfeffer würzen.

3 Die Pfannkuchen jeweils mit 1 EL Ajvar bestreichen, etwas Hackfleisch daraufgeben. Die Pfannkuchen nach Belieben aufrollen oder zusammenklappen und auf die Tomaten legen.

4 Den Fetakäse zerbröckeln und über die Pfannkuchen und die Tomaten streuen. Alles im vorgeheizten Ofen (Mitte) ca. 30 Min. backen.

SCHÖN DAZU Gurken-Paprika-Salat aus blitzschnell geschnittenem Gemüse, angemacht mit einem Dressing aus Schafsmilch-Joghurt, Essig, Salz, Pfeffer und getrockneten zerbröselten Chilischoten oder scharfem Paprikapulver.

SAFTIG & RUSTIKAL

blumenkohl mit miniknödel

Salz | 1 Blumenkohl
1 Beutel Mini-Semmelknödel (ca. 330 g, s. Tipp)
1 Zwiebelmettwurst (200 g)
200 g Sahne zum Kochen
1 EL edelsüßes Paprikapulver | Pfeffer
2 EL gemischte TK-Kräuter
150 g geriebener Käse
Und: breite ofenfeste Form

Für 4 Personen
Pro Portion ca. 650 kcal, 30 g EW, 44 g F, 33 g KH

1 In einem Topf ca. ½ l Salzwasser aufkochen, in einem zweiten Topf ca. 2 l Wasser zum Kochen bringen.

2 Den Backofen auf 225° vorheizen. Inzwischen den Blumenkohl waschen, putzen und in kleine Röschen teilen. In das kochende Salzwasser geben und zugedeckt ca. 8 Min. garen. Die Mini-Semmelknödel in den zweiten Topf geben und 5 Min. kochen lassen.

3 Die Zwiebelmettwurst aus der Haut lösen und in Stücke schneiden. Die Sahne mit Paprikapulver, Salz und Pfeffer verquirlen und in die Form gießen.

4 Mini-Semmelknödel und den Blumenkohl abtropfen lassen, mit der Zwiebelmettwurst in die Form geben. Die TK-Kräuter und den Käse aufstreuen. Alles im vorgeheizten Ofen (unten) ca. 20 Min. backen.

MAL ANDERS Mini-Knödel gibt es in größeren Supermärkten. Wenn Sie die Folienstandbeutel in Ihrem Markt nicht finden, nehmen Sie gekühlte Gnocchi.

VEGGIE-VARIANTE Weniger herzhaft, aber ebenso fein: die Zwiebelmettwurst weglassen, dafür eine kleine Dose Maiskörner mit den anderen Zutaten in die Form geben. Wer mag, streut außerdem einige gehackte Mandeln oder Sonnenblumenkerne vor dem Käse obenauf.

RAFFINIERT

feiner brokkoli-strudel

Salz
500 g TK-Brokkoli
40 g Butter
100 g Hähnchenbrust-Aufschnitt in Scheiben
50 g geröstete Pistazienkerne
150 g geriebener Käse
Pfeffer
1 Päckchen backfertiger Strudelteig (ca. 120 g; Kühlregal; s. Info)
Und: Backblech | Backpapier

Für 4 Personen
Pro Portion ca. 450 kcal, 26 g EW, 29 g F, 24 g KH

1 In einem Topf wenig Salzwasser aufkochen, den TK-Brokkoli darin ca. 5 Min. garen. Die Butter in einem kleinen Topf oder in der Mikrowelle zerlassen.

2 Den Backofen auf 200° vorheizen. Den Aufschnitt in Streifen schneiden. Die Pistazienkerne nach Belieben etwas kleiner hacken.

3 Den Brokkoli abtropfen lassen und grob hacken, mit Hähnchenaufschnitt, Pistazienkernen und dem geriebenen Käse mischen. Mit Salz und Pfeffer abschmecken.

4 Von den Strudelteigblättern 2 Stück auf einem Küchentuch zu einer großen Platte auslegen, dabei sollen sich die Ränder überlappen. Dünn mit zerlassener Butter bestreichen, die übrigen Teigblätter darauflegen. Die Brokkolimischung an einer Längsseite darauf verteilen. Den Strudel mithilfe des Tuches aufrollen und vorsichtig auf das mit Backpapier belegte Blech heben, sodass die Naht nach unten zeigt.

5 Den Strudel mit der restlichen Butter einpinseln, auf dem Blech in den vorgeheizten Ofen (unten) schieben und ca. 25 Min. garen.

SCHÖN DAZU Fertige Tomatensauce aus dem Glas aufkochen und abschmecken. Oder Zwiebelwürfel in etwas Öl anschwitzen, 400 g gehackte Tomaten aus der Dose zugeben. Herzhaft würzen, nach Belieben noch mit etwas Sahne oder Crème fraîche verfeinern.

INFO: STRUDELTEIG Fertiger, hauchdünner Strudelteig wird abgepackt verkauft, Sie finden kleine Päckchen im Kühlregal. Sie können für den Strudel auch eine Rolle backfertigen Blätterteig aus dem Kühlregal verwenden. Den Teig mithilfe des in der Packung enthaltenen Papiers aufrollen, das Küchentuch ist dann überflüssig.

20 min.
ZU TUN
25 min.
IM OFEN

So verlockend und preiswert: Zucchini mit aromatischem Thunfisch-Reis und Rotkohl mit Kartoffelpüree und zartem Kasseler sollten Sie unbedingt probieren!

FÜR JEDEN TAG

zucchini mit thunfisch-reis

2 Kochbeutel 10-Minuten-Reis (à 125 g) | Salz
2 große Zucchini (à ca. 400 g)
2 EL Butter
1 ½ EL Mehl
1 EL Currypulver
150 ml Gemüsebrühe
150 ml Milch | Pfeffer
1 Dose Thunfisch im eigenen Saft
(ca. 140 g Abtropfgewicht)
2 EL TK-Schnittlauch
4 EL Röstzwiebeln (Fertigprodukt) /oder selbst machen
Und: längliche ofenfeste Form

Für 4 Personen
Pro Portion ca. 430 kcal, 19 g EW, 12 g F, 60 g KH

1 Den Backofen auf 200° vorheizen. Den Reis nach Packungsangabe in Salzwasser garen. Inzwischen in einem breiten Topf 2 l Wasser zum Kochen bringen.

2 Zucchini waschen, putzen und längs halbieren. Das Innere mit einem Kugelausstecher oder kleinem Löffel auslösen und beiseitestellen. Zucchinihälften im kochenden Wasser 2–3 Min. vorgaren, dann abtropfen lassen und in die längliche Form setzen. Zucchinikugeln danebenlegen.

3 Die Butter zerlassen. Das Mehl einstreuen und goldgelb anschwitzen, Currypulver mit anschwitzen. Dann unter Rühren die Brühe und die Milch angießen. Alles zu einer cremigen Sauce kochen und mit Salz und Pfeffer abschmecken.

4 Den Reis abtropfen lassen. Den Thunfisch abtropfen lassen und zerpflücken, mit Reis und TK-Schnittlauch mischen und in die Zucchinihälften füllen. Die Sauce über die gefüllten Zucchini und die Kugeln träufeln, Röstzwiebeln aufstreuen. Alles im vorgeheizten Ofen (Mitte) ca. 25 Min. backen.

KLASSIKER AUF NEUE ART

rotkohl mit kasselerröllchen

500 g TK-Rotkohl
1 Paket Kartoffelpüree für 3–4 Portionen
evtl. Milch für das Püree
je 1 Bund Schnittlauch und Petersilie | Salz
1 Apfel
1 Birne
200 g Kasseler-Aufschnitt in dünnen Scheiben
1 Eigelb
2–3 EL Röstzwiebeln (Fertigprodukt)
Und: ofenfeste Form

Für 4 Personen
Pro Portion ca. 420 kcal, 12 g EW, 7 g F, 73 g KH

1 Den Backofen auf 200° vorheizen. Den TK-Rotkohl in einem breiten Topf bei mittlerer Hitze auftauen und einmal aufkochen lassen.

2 Das Kartoffelpüree nach Packungsangabe mit Wasser und/oder Milch zubereiten. Die Kräuter waschen, trocken schütteln und in feine Röllchen schneiden bzw. fein hacken. Kräuter unter das Püree rühren und alles mit etwas Salz abschmecken.

3 Den Apfel und die Birne schälen, vierteln, entkernen und in Scheiben schneiden. Mit dem Rotkohl mischen und alles in die Form geben. Das Püree darüber verteilen. Die Kasselerscheiben aufrollen, die Röllchen dicht nebeneinander auf das Püree legen.

4 Das Eigelb verquirlen, Kasseler-Röllchen und das Püree daneben damit einpinseln. Die Röstzwiebeln obenauf streuen. Die Form in den vorgeheizten Ofen (Mitte) stellen, alles ca. 20 Min. garen.

TURBO-TIPP Tiefgefrorenen Apfelrotkohl nehmen, dann sparen Sie sich das Schälen und Kleinschneiden der Früchte. Zusätzlich können Sie die Vorbereitung beschleunigen, wenn Sie TK-Kräuter unter das Püree rühren.

15 min.
ZU TUN
20 min.
IM OFEN

SPANIEN OLÉ

bratpaprika mit knoblauchdip

Für den Dip
2–3 Knoblauchzehen
250 g Magerquark
100 g Salatmayonnaise
Salz | Pfeffer
evtl. Milch
Für die Paprika
200 g Bratpaprika (kleine grüne Paprikaschoten)
200 g weiche Chorizo (s. Info)
2 große Zwiebeln
2 Knoblauchzehen
6 Zweige Rosmarin
8 EL Olivenöl
grob gemahlener Pfeffer
grobes Meersalz
Und: Backblech | evtl. Backpapier

Für 4 Personen
Pro Portion ca. 460 kcal, 20 g EW, 38 g F, 10 g KH

1 Den Backofen auf 225° vorheizen. Für den Dip den Knoblauch schälen, in eine Schüssel pressen und darin mit Quark, Salatmayonnaise, Salz und Pfeffer verrühren. Falls nötig, etwas Milch oder Wasser unterrühren, bis der Dip schön cremig ist.

2 Die Bratpaprika waschen und trocken tupfen. Chorizo in Scheiben schneiden. Die Zwiebeln schälen und in Spalten schneiden. Knoblauch schälen und in Stifte schneiden. Den Rosmarin waschen und trocken schütteln, die Nadeln von den Stielen zupfen.

3 Alle Zutaten auf dem nach Belieben mit Backpapier belegten Blech verteilen. Das Olivenöl darüber verteilen, alles mit grob gemahlenem Pfeffer und Meersalz bestreuen. Das Blech in den vorgeheizten Ofen (unten) schieben, alles ca. 20 Min. garen. Den Dip dazu servieren.

INFO: CHORIZO **Die pikante spanische Wurst wird auch bei uns immer beliebter. Sie finden sie abgepackt oder in der Frischetheke vieler Supermärkte. Mal ist sie gereift und hart, mal eher frisch und weich, zudem variiert der Schärfegrad. Jede Sorte können Sie für dieses pikante Essen verwenden, besonders gut aber eignet sich frische weiche Chorizo mit deutlicher Schärfe. Als Alternative bieten sich andere herzhafte Würste an, z. B. Kabanossi.**

20 min.
ZU TUN
20–25 min.
IM OFEN

LIEBLINGSREZEPT

schnelle mais-lasagne

2 Dosen Maiskörner (à ca. 330 g Abtropfgewicht)
1 Bund Schnittlauch
100 g geräucherter Schinken in kleinen Würfeln
200 g saure Sahne
Salz | Pfeffer
4 EL Olivenöl
ca. 250 g frischer Nudelteig (Kühlregal; ½ Rolle)
1 Dose gehackte Tomaten (400 g)
130 g Parmesan
Und: 4 kleine rechteckige ofenfeste Portionsformen

Für 4 Personen
Pro Portion ca. 650 kcal, 32 g EW, 35 g F, 55 g KH

1 Den Mais abtropfen lassen. Den Schnittlauch waschen, trocken schütteln und in Röllchen schneiden. Beides mit den Schinkenwürfeln, der sauren Sahne, Salz und Pfeffer verrühren.

2 Den Backofen auf 200° vorheizen. Die Portionsförmchen mit je 1 EL Olivenöl ausstreichen.

3 Den Nudelteig auseinanderrollen und in Rechtecke schneiden, die genau in die Formen passen. Ein Nudelblatt in jede Form legen und mit einer Schicht Mais bedecken. Wieder jeweils ein Nudelblatt einschichten, den restlichen Mais darauf verteilen, mit einem Nudelblatt abdecken.

4 Die Tomaten auf den oberen Nudelblättern verstreichen und mit Pfeffer würzen. Den Parmesan reiben und aufstreuen. Die Formen in den vorgeheizten Ofen (Mitte) stellen und alles 20–25 Min. garen.

INFO: NUDELTEIG Fertig ausgerollten Nudelteig finden Sie abgepackt im Kühlregal größerer Supermärkte, meist dort, wo auch Pizza-, Blätter- und Mürbeteig liegen. Sie benötigen für die Lasagne nur eine halbe Rolle. Den Rest können Sie gut verpackt einige Tage im Kühlschrank aufheben und beispielsweise zu Streifen geschnitten als Tagliatelle kochen. Oder Sie bereiten Maultaschen oder Ravioli daraus zu. Wenn Sie keinen gekühlten Nudelteig bekommen, nehmen Sie Lasagne-Nudelblätter. Die müssen Sie allerdings in Salzwasser vorkochen, sonst werden sie bei diesem Blitzrezept nicht weich genug.

SAFTIGES MIT FLEISCH & GEFLÜGEL

SOMMERLICH LEICHT

hähnchen mit knoblauchcroûtons

1 Dose gehackte Tomaten (400 g)
1 kleines Glas Kapern
(40 g Abtropfgewicht)
Salz | Pfeffer
4 Hähnchenbrustfilets (à ca. 150 g)
2 EL Öl
5 Scheiben Vollkorn-Toastbrot
40 g Butter
3 Knoblauchzehen
Und: breite ofenfeste Form

Für 4 Personen
Pro Portion ca. 375 kcal, 35 g EW, 18 g F, 16 g KH

1 Den Backofen auf 200° vorheizen. Die Tomaten in die Form geben, die Kapern untermischen, alles mit Salz und Pfeffer würzen.

2 Die Hähnchenbrustfilets kalt abwaschen und trocken tupfen, eventuell an der dicksten Stelle etwas einschneiden und aufklappen, sodass die Filets überall gleichmäßig dick sind.

3 Das Öl in einer Pfanne erhitzen, die Hähnchenfilets darin von jeder Seite 1 Min. braun anbraten, dabei mit Salz und Pfeffer würzen. Aus der Pfanne direkt in die vorbereitete Form legen.

4 Das Toastbrot in Würfel schneiden. Die Butter in der Pfanne, in der auch das Hähnchen gebraten wurde, zerlassen. Den Knoblauch schälen und dazupressen. Die Brotwürfel darin rundherum rösten, dann über die Hähnchenfilets verteilen. Alles im vorgeheizten Ofen (Mitte) ca. 25 Min. backen.

SCHÖN DAZU **Sauce, Fleisch, Brot – hier kommt alles zusammen aus dem Ofen. Steht Ihnen der Sinn nach einer Beilage? Gut passt Feldsalat, angemacht mit einem Dressing aus Balsamico und aromatischem Olivenöl.**

15 min.
ZU TUN
25 min.
IM OFEN

15 min. ZU TUN
25 min. IM OFEN

GRUSS AUS SPANIEN

schweinemedaillons im reisbett

1 Bund Frühlingszwiebeln
75 g Chorizo (ersatzweise Kabanossi)
1 EL Olivenöl
½ l Fleischbrühe
250 g Paella-Reis (ersatzweise Risotto-Reis)
1 Döschen gemahlener Safran
1 Scheibe Toastbrot
Salz | Pfeffer
1 Schweinefilet (500–600 g)
Und: breite ofenfeste Form oder Pfanne

Für 4 Personen
Pro Portion ca. 560 kcal, 48 g EW, 15 g F, 53 g KH

1 Den Backofen auf 180° vorheizen. Die Frühlingszwiebeln waschen, putzen und in feine Ringe schneiden. Die Chorizo klein würfeln. Das Öl in einer Pfanne leicht erhitzen, die Chorizo darin kurz anbraten. Die Frühlingszwiebeln dazugeben und kurz mitbraten. In eine Schüssel umfüllen.

2 Inzwischen die Brühe in einem Topf aufkochen. Den Reis und den Safran einrühren und alles 5 Min. kochen lassen.

3 Das Toastbrot fein zerbröckeln, mit der Chorizomischung vermengen und mit Salz und Pfeffer würzen. Das Schweinefilet waschen, trocken tupfen und in 2 cm dicke Scheiben schneiden. Medaillons von beiden Seiten pfeffern.

4 Den vorgegarten Reis mit der Brühe in die Form oder Pfanne umfüllen. Die Schweinemedaillons darauf verteilen, die Chorizomischung jeweils mit einem Esslöffel auf die Medaillons setzen. Alles im vorgeheizten Ofen (Mitte) ca. 25 Min. backen.

TURBO-TIPP **Statt Chorizo fertig gewürfelten Schinken nehmen und die Frühlingszwiebeln durch 1 Päckchen tiefgefrorene Zwiebeln ersetzen.**

Schnell, schneller, lecker: Nach einer guten halben Stunde stehen Geschnetzeltes und Schnitzel fix und fertig auf dem Tisch – und das in bester Begleitung.

KLASSISCH UND DOCH NEU

ofengeschnetzeltes mit spätzle

400 g Spätzle (Kühlregal; s. Info)
250 g Champignons
1 Bund Frühlingszwiebeln
400 g Schweinefilet
2 EL Öl
Salz | Pfeffer
1 TL edelsüßes Paprikapulver
200 g Sahne
100 g geriebener Emmentaler
Und: ofenfeste Form

Für 4 Personen
Pro Portion ca. 585 kcal, 39 g EW, 34 g F, 31 g KH

1 Den Backofen auf 200° vorheizen. Die Spätzle in der Form verteilen.

2 Die Champignons waschen oder mit einem feuchten Tuch abreiben, putzen und je nach Größe ganz lassen, halbieren oder vierteln. Die Frühlingszwiebeln waschen, putzen und in Ringe schneiden. Das Filet schnetzeln.

3 Das Öl in einer Pfanne stark erhitzen. Geschnetzeltes darin rundherum ganz kurz anbraten, mit Salz, Pfeffer und dem Paprikapulver würzen. Die Pilze und die Frühlingszwiebeln einrühren, die Sahne angießen. Die Mischung über die Spätzle geben.

4 Den Käse darüberstreuen. Alles im vorgeheizten Ofen (Mitte) ca. 20 Min. backen.

INFO: SPÄTZLE Die Nudeln aus dem Kühlregal müssen nur noch erhitzt werden und eignen sich bestens für schnelle Ofengerichte. Wenn Sie getrocknete Spätzle nehmen, müssen Sie diese zuerst in kochendem Salzwasser garen. Lassen Sie die Nudeln dabei aber nur knapp bissfest werden, sonst sind sie später zu weich.

BESONDERS WÜRZIG

dicke curry-putenschnitzel

750 g Putenbrust am Stück
Salz | Pfeffer
1–2 EL Currypulver
2 Bio-Äpfel mit roter Schale
1 Bund Schnittlauch
800 g Wein-Sauerkraut
1 Msp. gemahlene Vanille
Und: 4 kleine ofenfeste Portionsformen oder breite ofenfeste Form

Für 4 Personen
Pro Portion ca. 250 kcal, 49 g EW, 3 g F, 6 g KH

1 Den Backofen auf 200° vorheizen. Das Fleisch kalt waschen, trocken tupfen und in 4 dicke Scheiben schneiden. Diese – falls nötig – etwas flach drücken, damit die Scheiben ca. 2 cm dick sind.

2 Die Fleischscheiben von beiden Seiten mit Salz, Pfeffer und Currypulver einreiben.

3 Die Äpfel waschen und gut abreiben, vierteln und entkernen, die Viertel quer in Spalten schneiden. Den Schnittlauch waschen, trocken schütteln und in Röllchen schneiden. Beides mit dem Sauerkraut mischen, mit Salz, Pfeffer und Vanille würzen.

4 Das Sauerkraut in die Portionsformen verteilen oder in eine große Form geben. Die Putenschnitzel darauflegen und etwas hineindrücken. Alles im vorgeheizten Ofen (Mitte) ca. 20 Min. backen.

TURBO-TIPP Tiefgefrorenen Schnittlauch verwenden und dicke Putenschnitzel kaufen.

SCHÖN DAZU Kartoffelpüree aus der Packung – das ist blitzschnell angerührt.

10 min. ZU TUN
20 min. IM OFEN

BESONDERS SCHNELL

roastbeef-steaks mit ziegenkäse

1 Glas Pfifferlinge (ca. 100 g Abtropfgewicht)
500 g TK-Blattspinat (aufgetaut; s. Tipp)
150 g Ziegen-Frischkäse
Salz | Pfeffer
1 Bund Petersilie
evtl. 6 Zweige Estragon
75 g Walnusskerne
2 Scheiben Toastbrot
4 EL Olivenöl
4 Scheiben Roastbeef (Lendensteaks; à ca. 200 g)
2 EL Öl
Und: breite ofenfeste Form

Für 4 Personen
Pro Portion ca. 680 kcal, 59 g EW, 45 g F, 10 g KH

1 Den Backofen auf 200° vorheizen. Die Pfifferlinge in einem Sieb abtropfen lassen, in der Form mit dem aufgetauten Spinat, Ziegen-Frischkäse, Salz und Pfeffer vermischen.

2 Die Kräuter waschen und trocken schütteln, die Blättchen abzupfen und hacken. Die Walnusskerne ebenfalls hacken. Das Toastbrot entrinden und klein würfeln. Alles mit dem Olivenöl verrühren, salzen und pfeffern.

3 Die Steaks trocken tupfen, den Fettrand mehrmals einschneiden, damit er sich nicht wölbt.

4 Das Öl in einer Pfanne stark erhitzen. Die Steaks darin von beiden Seiten scharf anbraten, salzen und pfeffern. Auf den Spinat legen, die Nuss-Mischung darauf verteilen. Alles im vorgeheizten Ofen (Mitte) ca. 20 Min. garen.

SCHÖN DAZU Ein Baguette an mehreren Stellen einschneiden, Kräuter- oder Knoblauchbutter in diese Schnitte geben und das Baguette nach ca. 10 Min. zu den Steaks in den Ofen legen. Am besten das Baguette vorher halb in Alufolie wickeln, damit die schmelzende Butter nicht auf den Boden des Ofens tropft.

TIPP Zum Auftauen das Paket mit dem gefrorenen Spinat einfach morgens oder bereits am Vorabend aus dem Tiefkühler in den Kühlschrank legen. Ansonsten können Sie den Spinat auch – jeweils zugedeckt – auf niedriger Stufe in der Mikrowelle oder in einem Topf bei sehr schwacher Hitze auftauen lassen.

20 min.
ZU TUN
15–20 min.
IM OFEN

AUCH FEIN ALS IMBISS

schnitzelchen auf geröstetem baguette

2 Zweige Rosmarin
400 g Putenbrustfilet
60 g Butter
12 Scheiben Baguette
Salz | Pfeffer
1 ½ EL Mehl
¼ l Hühnerbrühe
evtl. 1 EL trockener Sherry
150 g Weichkäse
(z. B. Camembert oder Brie)
Und: ofenfeste Form

Für 4 Personen
Pro Portion ca. 520 kcal, 43 g EW, 24 g F, 37 g KH

1 Den Rosmarin waschen und trocken schütteln, die Nadeln abzupfen. Das Putenbrustfilet kalt abwaschen und trocken tupfen. In dicke Scheiben schneiden und die Scheiben evtl. teilen, damit man 12 Stück erhält, die gut auf die Baguettescheiben passen.

2 2 EL Butter in einer breiten Pfanne zerlassen. Die Baguettescheiben darin von beiden Seiten rösten und nebeneinander in die Form legen. Den Backofen auf 225° vorheizen.

3 Die Pfanne mit etwas Küchenpapier auswischen. Wieder 1 EL Butter darin zerlassen. Den Rosmarin hineingeben, dann auch die Putenschnitzelchen. Diese von beiden Seiten kurz anbraten und mit Salz und Pfeffer würzen. Herausheben und auf die Baguettescheiben legen.

4 Die restliche Butter in die Pfanne geben und zerlassen. Das Mehl einstreuen und goldgelb anschwitzen, dann unter Rühren die Brühe angießen. Alles zu einer cremigen Sauce kochen und diese mit Sherry, Salz und Pfeffer abschmecken.

5 Die Sauce über die Schnitzelchen gießen. Den Weichkäse in dünne Scheiben schneiden und auf das Fleisch legen. Alles im vorgeheizten Ofen (Mitte) 15–20 Min. backen.

Welches wird Ihr Lieblingsgericht? Saftiges Hackfleisch unter einer cremigen Polentaschicht? Oder knusprige Hähnchenkeulen mit Zwiebeln und Kartoffeln vom Blech?

PESTO-WÜRZIG

tomatenfleisch mit polenta-haube

200 g Instant-Polenta (Maisgrieß) | Salz
3–4 EL Pesto
2 Zwiebeln
2 EL Olivenöl
500 g Rinderhackfleisch | Pfeffer
1 Dose gehackte Tomaten (400 g)
3 EL Pinienkerne
Und: hohe ofenfeste Form

Für 4 Personen
Pro Portion ca. 590 kcal, 36 g EW, 30 g F, 42 g KH

1 800 ml Wasser in einem Topf aufkochen (s. Tipp). Polenta, Salz und dann das Pesto einrühren. Alles erneut aufkochen, dann bei schwacher Hitze 10 Min. köcheln lassen.

2 Inzwischen die Zwiebeln schälen und würfeln. Das Olivenöl in einer Pfanne erhitzen, die Zwiebeln darin leicht anbraten. Das Hackfleisch dazugeben und mit anbraten. Mit Salz und Pfeffer würzen. Die Tomaten einrühren und alles 5 Min. kochen lassen.

3 Den Backofen auf 200° vorheizen. Die Hälfte der Polenta in die Form geben und darin glatt streichen.

4 Das Tomaten-Hackfleisch daraufgeben, dann die restliche Polenta einschichten und mit den Pinienkernen bestreuen. Alles im vorgeheizten Ofen (Mitte) ca. 30 Min. backen.

WASSER SCHNELL AUFKOCHEN **Gießen Sie möglichst heißes Wasser aus der Leitung in den Topf und legen Sie zum Aufkochen unbedingt einen Deckel auf. Salz erst hinzufügen, wenn das Wasser bereits kocht – das spart ebenfalls Zeit. Wenn Sie einen Wasserkocher haben, können Sie auch darin das Wasser energiesparend erhitzen und kochend heiß in den Topf gießen.**

MIT ASIA-KICK

hähnchenkeulen mit sesamzwiebeln

1 EL Honig
2 EL Sojasauce
4 EL Öl
2 EL Thai-Chilisauce
1 EL Currypulver
8 Hähnchen-Unterkeulen (»Drumsticks«; ca. 1 kg)
4 Zwiebeln
2–3 EL Sesamsamen
600 g längliche, festkochende Kartoffeln
Salz
Und: Backblech | Alufolie

Für 4 Personen
Pro Portion ca. 675 kcal, 50 g EW, 42 g F, 24 g KH

1 Ein Backblech mit Alufolie auslegen. In einer großen Schüssel den Honig mit der Sojasauce, 2 EL Öl, Thai-Chilisauce und dem Currypulver verrühren. Die Hähnchen-Unterkeulen kalt abwaschen und trocken tupfen, mit einem scharfen Messer mehrmals einschneiden, damit sie schneller gar werden. In der Marinade wenden und auf dem Blech verteilen.

2 Den Backofen auf 225° vorheizen. Die Zwiebeln schälen und halbieren. Mit den Schnittflächen in den Sesam drücken und auf das Blech legen.

3 Die Kartoffeln schälen und längs vierteln oder achteln. Im restlichen Öl wenden, salzen und ebenfalls auf das Blech geben. Das Blech in den vorgeheizten Ofen (Mitte) schieben und alles ca. 30 Min. garen.

20 min. ZU TUN
25 min. IM OFEN

VITALSTOFFREICH

wirsing-hackfleisch-auflauf

1 kleiner Wirsingkohl (ca. 700 g)
Salz
3 EL Olivenöl
500 g mageres Rinderhackfleisch
1 Päckchen gemischte TK-Kräuter (ca. 70 g)
100 ml Fleischbrühe
3 EL Tomatenmark
Pfeffer
250 g Magerquark
100 g leichter Frischkäse
2–3 EL Meerrettich (Glas)
2 EL Semmelbrösel
200 g Schafskäse (Feta)
Und: breite ofenfeste Form

Für 4 Personen
Pro Portion ca. 630 kcal, 57 g EW, 39 g F, 12 g KH

1 Etwa 3 l Wasser für den Wirsing in einem breiten Topf zum Kochen bringen. Inzwischen den Wirsing waschen und putzen, äußere Blätter entfernen. Den verbleibenden Wirsingkopf vierteln oder achteln und ohne den Strunk quer in Streifen schneiden. Das kochende Wasser salzen, den Wirsing hineingeben und 4–5 Min. vorgaren.

2 Inzwischen den Backofen auf 200° vorheizen. 1 EL Öl in einer Pfanne erhitzen, das Hackfleisch darin krümelig anbraten. Die TK-Kräuter, die Fleischbrühe und das Tomatenmark einrühren. Alles mit Salz und Pfeffer würzen, gut verrühren und 3–4 Min. unter Rühren kochen lassen.

3 Den Magerquark mit dem Frischkäse und dem Meerrettich verrühren, mit Salz und Pfeffer abschmecken und beiseitestellen.

4 Den Wirsing in ein Sieb abgießen und sehr gut abtropfen lassen. Die Hälfte davon in die ofenfeste Form geben und mit Salz und Pfeffer würzen. Mit der Hackfleischmischung bedecken, dann den restlichen Wirsing einschichten.

5 Die Semmelbrösel über den Wirsing streuen. Den Feta würfeln und über die Semmelbrösel verteilen. Das restliche Olivenöl obenauf träufeln. Die Form in den vorgeheizten Ofen (Mitte) stellen und alles ca. 25 Min. backen. Den Wirsing-Auflauf zusammen mit dem Meerrettich-Quark anrichten.

Zartes Putenfleisch als Verwandlungskünstler – heute mit Spätzle und Fenchel fein kombiniert, morgen mit Lauch und Trauben gefüllt und mit Knusperwürfeln und Käse getoppt.

DEUTSCH-ITALIENISCHE LIAISON

fenchelgratin mit putenmedaillons

2 zarte Fenchelknollen
Salz | Pfeffer
400 g Spätzle (Kühlregal)
4 Putenschnitzel (à ca. 200 g)
edelsüßes Paprikapulver
200 g Sahne zum Kochen
2 EL gemischte TK-Kräuter
75 g geriebener Emmentaler
Und: breite ofenfeste Form

Für 4 Personen
Pro Portion ca. 560 kcal, 64 g EW, 19 g F, 33 g KH

1 Den Backofen auf 225° vorheizen. Den Fenchel waschen und putzen, dann in sehr dünne Scheiben schneiden oder hobeln (s. Tipp). In die Form geben und kräftig mit Salz und Pfeffer würzen. Die Spätzle darauf verteilen.

2 Die Putenschnitzel kalt abwaschen und trocken tupfen, jedes Schnitzel halbieren. Fleisch rundherum mit Salz, Pfeffer und Paprikapulver würzen und auf die Spätzle legen.

3 Die Sahne mit den TK-Kräutern verquirlen und in die Form gießen. Den Emmentaler obenauf streuen. Alles im vorgeheizten Ofen (Mitte) ca. 20 Min. garen.

TIPP Der Fenchel wird hier sehr dünn geschnitten und gart dadurch innerhalb der recht kurzen Backzeit. Es macht aber nichts, wenn Ihnen das feine Aufschneiden nicht so leicht von der Hand geht. Dickere Scheiben dünsten Sie einfach 2–3 Min. in wenig Salzwasser vor, bevor Sie sie in die Form geben.

FRUCHTIG-PIKANT

gefüllte schnitzeltaschen

1 kleine Stange Lauch
150 g blaue kernlose Weintrauben
4 große dünne Putenschnitzel (à ca. 150 g)
5 EL Olivenöl
Salz | Pfeffer
100 ml Brühe
4 Scheiben Toastbrot
100 g milder Edelpilzkäse
2–3 EL trockener Sherry oder Portwein (ersatzweise Milch)
1 TL getrockneter Thymian
Und: Holzspießchen | breite ofenfeste Form

Für 4 Personen
Pro Portion ca. 460 kcal, 59 g EW, 23 g F, 18 g KH

1 Den Lauch putzen, waschen und in feine Ringe schneiden. Die Trauben waschen und halbieren. Die Schnitzel kalt abwaschen und trocken tupfen.

2 Den Backofen auf 200° vorheizen. 3 EL Olivenöl in einer Pfanne erhitzen, Schnitzel darin je Seite ½ Min. scharf anbraten. Salzen, pfeffern und aus der Pfanne nehmen. Den Lauch in dem Bratfett in der Pfanne schwenken, dann auch die Trauben untermischen. Vom Herd nehmen.

3 Jedes Schnitzel auf einer Hälfte mit etwas Lauch-Trauben-Mischung belegen. Die andere Hälfte darüberklappen und mit Holzspießchen feststecken. Die Schnitzel in die Form legen. Übrige Lauch-Trauben-Mischung um die Schnitzel herum verteilen und mit der Brühe übergießen.

4 Toast entrinden und klein würfeln, mit Edelpilzkäse, restlichem Olivenöl und Sherry oder Portwein vermengen, mit Salz, Pfeffer und Thymian würzen. Die Käsemischung über die Schnitzelpäckchen verteilen, alles im vorgeheizten Ofen (Mitte) ca. 20 Min. backen.

20 min. ZU TUN
30 min. IM OFEN

MIT KNUSPERDECKEL

wurzelgemüse mit kasseler

500 g Möhren
500 g Pastinaken (s. Info)
Salz
400 g Kasseler (geräuchert und gepökelt; ohne Knochen)
1 Bund Schnittlauch
5 Eier (Größe M)
200 ml Milch
100 g Crème fraîche
Pfeffer
Muskatnuss
1 Rolle backfertiger Blätterteig (ca. 270 g; Kühlregal)
Und: große ofenfeste Form

Für 4 Personen
Pro Portion ca. 630 kcal, 22 g EW, 39 g F, 49 g KH

1 Die Möhren und die Pastinaken waschen, putzen, schälen und 1–2 cm groß würfeln. Gemüse in wenig kochendem Salzwasser ca. 5 Min. vorgaren.

2 Inzwischen den Backofen auf 200° vorheizen. Das Kasseler in Würfel schneiden. Den Schnittlauch waschen, trocken schütteln und in feine Röllchen schneiden.

3 Das Gemüse in ein Sieb abgießen und gut abtropfen lassen, dann mit dem Kasseler und dem Schnittlauch in der Form mischen.

4 Die Eier mit Milch, Crème fraîche, Salz, Pfeffer und 1 Prise Muskatnuss verquirlen. 3–4 EL der Mischung zum Bestreichen beiseitestellen, den Rest über das Gemüse gießen.

5 Den Blätterteig auseinanderrollen, über die Gemüsemischung legen, das anhaftende Backpapier vorsichtig abziehen. Den Teig an den Rändern der Form andrücken, die Oberfläche mit der beiseitegestellten Eiermilch einpinseln. Einige Löcher in den Teig einschneiden, damit Dampf entweichen kann. Alles im vorgeheizten Ofen (Mitte) ca. 30 Min. backen.

INFO: PASTINAKEN **Die mildwürzigen Wurzeln waren lange Zeit in Vergessenheit geraten. Nun werden sie wieder häufiger angeboten. Sie sind länglich wie Möhren, haben aber helles Fruchtfleisch und eine helle Schale. Ähnlich sehen Petersilienwurzeln aus, die jedoch ein ausgeprägteres und beinahe süßliches Aroma haben, das deutlich an unser beliebtes Küchenkraut erinnert. Für dieses Rezept können Sie beide Sorten verwenden, auch gemischt.**

15 min.
ZU TUN
25 min.
IM OFEN

ORIGINELL

lamm mit radieschengemüse

4 Lammrückenfilets (»Lammlachse«; à ca. 180 g)
Salz | Pfeffer
1–2 EL getrocknete Kräuter der Provence
1 großes Bund Radieschen
150 g kleine feste Champignons
100 ml kräftige Brühe
Und: Bratschlauch (s. Info)
Backblech

Für 4 Personen
Pro Portion ca. 240 kcal, 40 g EW, 7 g F, 2 g KH

1 Vom Bratschlauch ein ca. 60 cm langes Stück abschneiden und an einer Seite nach Packungsangabe fest verschließen. Schlauch auf ein Backblech legen.

2 Den Backofen auf 200° vorheizen. Die Lammrückenfilets kalt abwaschen, trocken tupfen und rundherum mit Salz, Pfeffer und Kräutern der Provence einreiben.

3 Die Radieschen waschen und putzen, je nach Größe halbieren oder vierteln. Die Champignons waschen oder mit einem feuchten Tuch abreiben. Zusammen mit den Radieschen in den Bratschlauch füllen.

4 Die Lammlachse auf das Gemüse legen. Die Brühe vorsichtig in den Bratschlauch gießen. Den Schlauch auch an der zweiten Seite verschließen und einmal einschneiden. Das Blech in den vorgeheizten Ofen (Mitte) schieben und alles ca. 25 Min. garen.

INFO: BRATSCHLAUCH Fest umschlossen garen die Zutaten im dünnen Bratschlauch, die Aromen bleiben sehr gut erhalten. Ein weiterer Zeitvorteil: Der Schlauch ist hier das »Kochgeschirr«, das anschließend im Müll landet und nicht gesäubert werden muss.

SCHÖN DAZU Knuspriges Baguette passt gut. Oder, wenn Ihr Ofen mit Umluftthitze arbeitet, einfach tiefgekühlte Pommes auf einem Backblech verteilen und über oder unter dem Blech mit dem Bratschlauch in den Ofen schieben.

Urlaubsfeeling inklusive: Hähnchenfleisch liefert grenzenlosen Genuss, ob raffiniert aufgespießt oder mit Schinken und Salbei »alla italiana« gefüllt.

RAFFINIERT GEWÜRZT

orientalische hähnchenspieße

600 g Hähnchenbrustfilet
3 Knoblauchzehen
1 Zwiebel
1 Bio-Zitrone
5 EL Olivenöl
Salz | Pfeffer
1 TL gemahlener Kreuzkümmel
1 Prise gemahlener Kardamom
200 g getrocknete Feigen
Und: 8 Schaschlik-Spieße | breite ofenfeste Form

Für 4 Personen
Pro Portion ca. 410 kcal, 34 g EW, 16 g F, 29 g KH

1 Das Hähnchenbrustfilet kalt abwaschen, trocken tupfen und in mundgerechte Würfel schneiden. Den Backofen auf 200° vorheizen.

2 Knoblauch und Zwiebel schälen. Den Knoblauch durch die Presse drücken, die Zwiebel fein würfeln. Die Zitrone heiß abwaschen und abtrocknen, die Schale fein abreiben und den Saft auspressen. Knoblauch, Zwiebelwürfel und Zitronenschale mit dem Olivenöl, Salz, Pfeffer, Kreuzkümmel und dem Kardamom mischen. Das Hähnchenfleisch darin wenden.

3 Die Stielansätze von den Feigen abschneiden. Die Früchte abwechselnd mit dem Hähnchenfleisch auf die Spieße stecken.

4 Die Spieße in die Form legen, die restliche Zwiebelmischung darübergeben. Im vorgeheizten Ofen (Mitte) ca. 25 Min. backen. Zum Servieren Zitronensaft darüberträufeln.

SCHÖN DAZU **Couscous passt am besten. Kaufen Sie Instant-Couscous – der ist in 10 Min. fertig. Einfach nach Packungsangabe zubereiten.**

ITALIENISCH INSPIRIERT

hähnchenfilets saltimbocca

2 EL Butter
1 EL Mehl
¼ l Hühnerbrühe
Salz | Pfeffer
edelsüßes Paprikapulver
4 Hähnchenbrustfilets
8 Salbeiblättchen
70 g geräucherter Schinken in kleinen Würfeln
300 g TK-Erbsen
400 g Gnocchi (Kühlregal)
Und: Holzspießchen | breite ofenfeste Form

Für 4 Personen
Pro Portion ca. 540 kcal, 57 g EW, 11 g F, 49 g KH

1 Die Butter in einem Topf zerlassen. Das Mehl einstreuen und goldgelb anschwitzen, dann unter Rühren die Hühnerbrühe angießen. Alles mit Salz, Pfeffer und Paprikapulver würzen und bei ganz schwacher Hitze köcheln lassen, während die anderen Zutaten vorbereitet werden.

2 Den Backofen auf 200° vorheizen. Die Hähnchenbrustfilets und die Salbeiblättchen kalt abwaschen und trocken tupfen. In jedes Filet eine Tasche hineinschneiden. Jeweils 2 Salbeiblättchen und einige Schinkenwürfel in die Taschen geben, diese mit Holzspießchen verschließen.

3 Die TK-Erbsen in einem Sieb mit heißem Wasser übergießen, abtropfen lassen und zusammen mit den Gnocchi in die breite ofenfeste Form geben. Die gefüllten Hähnchenfilets darauflegen.

4 Die Sauce abschmecken und über Erbsen, Gnocchi und Hähnchenfilets verteilen. Alles in den vorgeheizten Ofen (unten) stellen und ca. 30 Min. garen. (Sehr dicke Hähnchenfilets brauchen eventuell einige Minuten mehr.)

FEINES MIT FISCH & MEERESFRÜCHTEN

15 min. ZU TUN
20 min. IM OFEN

MIT LEICHTER SCHÄRFE

limetten-thunfisch mit feta

4 Stücke Thunfischfilet (à 150–200 g)
100 ml Olivenöl
Salz
Pfeffer
1 Scheibe Toastbrot
1 Bio-Limette
2 EL gemischte TK-Kräuter
(z. B. italienische Art)
1 Msp. getrocknete zerbröselte
Chilischoten
200 g Schafskäse (Feta)
Und: breite ofenfeste Form

Für 4 Personen
Pro Portion ca. 710 kcal, 52 g EW, 54 g F, 3 g KH

1 Den Backofen auf 175° vorheizen. Die Thunfischfilets kalt abwaschen und trocken tupfen.

2 2 EL Olivenöl in einer Pfanne erhitzen, die Filets darin von jeder Seite ½ Min. anbraten. Filets mit Salz und Pfeffer würzen und nebeneinander in die Form legen.

3 Das Toastbrot mit den Fingern fein zerbröseln. Die Limette heiß abwaschen und abtrocknen, die Schale fein abreiben. Den Saft auspressen.

4 Das Toastbrot mit restlichem Olivenöl, abgeriebener Limettenschale, TK-Kräutern, Chilibröseln und etwas Pfeffer vermengen.

5 Den Feta in Scheiben schneiden oder grob zerbröckeln und auf die Thunfischfilets geben. Die Kräuter-Toast-Mischung darüber verteilen, alles mit dem Limettensaft beträufeln. Im vorgeheizten Ofen (Mitte) ca. 20 Min. backen.

SCHÖN DAZU **Dunkles Baguette passt ebenso gut wie fix zubereiteter Instant-Couscous.**

Traumpaare des Nordens: Mit Dill verfeinerter Grieß findet in zarten Garnelen die passende Begleitung, Spaghetti angeln sich würzigen Räucherfisch.

RAFFINIERT KOMBINIERT

dill-nocken in safransahne

1 EL gekörnte Instant-Gemüsebrühe
125 g Grieß
1 großes Bund Dill
100 g geschälte gekochte Garnelen
1 Döschen gemahlener Safran
200 g Sahne zum Kochen (s. Info)
Salz | Pfeffer
Muskatnuss
Und: breite ofenfeste Form

Für 4 Personen
Pro Portion ca. 210 kcal, 10 g EW, 8 g F, 24 g KH

1 Den Backofen auf 200° vorheizen. In einem Topf ½ l Wasser zum Kochen bringen. Instant-Gemüsebrühe und den Grieß einrühren und einmal aufkochen, dann unter gelegentlichem Rühren bei schwacher Hitze 5 Min. quellen lassen.

2 Inzwischen den Dill waschen, trocken schütteln und fein hacken. Die Garnelen in einem Sieb kalt abbrausen. Safran mit Sahne und etwas Salz verrühren.

3 Den gehackten Dill unter den Grieß mischen, Masse mit Salz, Pfeffer und Muskatnuss abschmecken. Mit zwei Esslöffeln Nocken daraus formen und diese in die Form setzen.

4 Die Garnelen und dann die Safran-Sahne zwischen die Nocken verteilen. Die Form in den vorgeheizten Ofen (Mitte) stellen, alles ca. 20 Min. garen.

INFO: SAHNE ZUM KOCHEN Die süßliche Sahne hat ca. 50 Prozent weniger Fett als Schlagsahne. Sie eignet sich bestens zum Kochen, allerdings nicht zum Aufschlagen. Wenn in Ihrem Supermarkt dieses Produkt nicht in den Regalen steht, nehmen Sie gewohnte Sahne. Oder mischen Sie Crème fraîche und Milch zu gleichen Teilen, dann wird die Sauce ganz leicht säuerlich.

RÄUCHERFISCH NEU KOMBINIERT

nordische spaghettinester

Salz
300 g Spaghetti
1 Zucchino
1 Zwiebel
3 EL Butter
1 TL Mehl
150 ml Fischfond oder Gemüsebrühe
Pfeffer
200 g geräuchertes Lachsforellenfilet (s. Tipp)
125 g Mozzarella
Und: breite ofenfeste Form

Für 4 Personen
Pro Portion ca. 500 kcal, 29 g EW, 18 g F, 56 g KH

1 Reichlich Wasser zum Kochen bringen und salzen. Die Spaghetti darin nach Packungsangabe nur gerade eben bissfest garen.

2 Inzwischen den Backofen auf 175° vorheizen. Den Zucchino waschen, putzen und grob raspeln. Die Zwiebel schälen und klein würfeln. 1 EL Butter zerlassen, Zwiebelwürfel darin glasig anschwitzen. Das Mehl einstreuen und unter Rühren anschwitzen, den Fond unter Rühren angießen. Zucchiniraspel einrühren, salzen und pfeffern und 2–3 Min. sanft köcheln lassen.

3 Das Lachsforellenfilet grob zerteilen, den Mozzarella würfeln. Die Spaghetti abtropfen lassen und in die Form geben. Mit zwei Löffeln zu vier großen Nestern formen. Das Lachsforellenfilet mit den Zucchiniraspeln mischen und in die Mitte der Nester füllen. Den Mozzarella darüber verteilen, die restliche Butter in Flöckchen auf die Nudeln setzen. Alles im vorgeheizten Ofen (Mitte) ca. 25 Min. garen.

TIPP Nicht nur Lachsforellenfilet eignet sich. Sie können auch zu geräuchertem Filet von Forelle, Lachs oder Makrele greifen. Es sollte stets grätenfrei sein.

TOPFLOS

curry-fisch im folienpäckchen

200 g Mungobohnensprossen
1 Kästchen Kresse
4 Stücke Fischfilet (à 150–180 g; z. B. Rotbarsch)
Salz | Pfeffer
2–3 TL Currypulver
2 EL Zitronensaft
4 EL helle Sojasauce
1 kleines Stück frischer Ingwer (20–30 g)
Und: Alufolie | Backblech

Für 4 Personen
Pro Portion ca. 190 kcal, 30 g EW, 6 g F, 4 g KH

1 Den Backofen auf 200° vorheizen. 4 große Stücke Alufolie bereitlegen.

2 Die Sprossen waschen, abtropfen lassen und in vier Portionen teilen. Jeweils in die Mitte der Folienstücke geben. Die Kresse abschneiden und über die Sprossen streuen.

3 Die Fischfilets kalt abwaschen, trocken tupfen und rundherum mit Salz, Pfeffer und Currypulver würzen. Filets auf die Sprossen legen.

4 Zitronensaft und Sojasauce über die Filets träufeln. Den Ingwer schälen und klein würfeln oder fein reiben und aufstreuen.

5 Die Alufolie an allen 4 Seiten nach oben heben und über den Zutaten fest zusammenfalten. Die Päckchen auf ein Backblech legen und alles im vorgeheizten Ofen (Mitte) ca. 20 Min. backen.

SCHÖN DAZU **Als Beilage Weißbrot servieren. Prima passen auch Naan-Brote, die es abgepackt in großen Supermärkten, garantiert aber im Asienladen zu kaufen gibt. Oder Sie garen Basmatireis als Beilage – der kocht schließlich ganz von allein und hat eine ähnliche Garzeit wie der Fisch.**

15 min.
ZU TUN
20 min.
IM OFEN

Zitrusfrische Meeresfreuden: Zitrone gibt Kabeljau den Kick. Beim Lachs sorgt Orange für Aroma. Kartoffelkruste und Cashewreis machen den Genuss perfekt.

ZITRONENFRISCH

kabeljau mit kartoffelkruste

1 Paket Kartoffelpüree für 3–4 Portionen
evtl. Milch für das Püree
2 EL Kapern (Glas)
2 Zucchini
4 EL Olivenöl
Salz | Pfeffer
1 Bio-Zitrone
4 Stück Kabeljaufilet (à 150–200 g; s. Tipp)
Und: breite ofenfeste Form

Für 4 Personen
Pro Portion ca. 500 kcal, 34 g EW, 12 g F, 59 g KH

1 Das Kartoffelpüree nach Packungsangabe mit Wasser und/oder Milch zubereiten. Dabei zunächst etwas weniger Flüssigkeit verwenden. Das Püree darf nicht zu weich werden. Dann die Kapern unterrühren.

2 Den Backofen auf 200° vorheizen. Die Zucchini waschen und putzen, trocken tupfen und längs in dünne Scheiben schneiden oder hobeln. Die Form damit auslegen, Zucchini mit dem Olivenöl beträufeln oder einpinseln und mit Salz und Pfeffer würzen.

3 Die Zitrone heiß abwaschen und abtrocknen, die Schale fein abreiben, den Saft auspressen. Die Kabeljaufilets kalt abwaschen und trocken tupfen. Mit Zitronensaft einreiben, mit Salz und Pfeffer würzen und auf die Zucchini legen.

4 Das Kartoffelpüree auf die Fischfilets löffeln oder mit einem Spritzbeutel dekorativ aufspritzen und mit der Zitronenschale bestreuen. Alles im vorgeheizten Ofen (Mitte) ca. 20 Min. backen.

TIPP Bei diesem und vielen anderen Rezepten können Sie gut auf TK-Filets zurückgreifen. Lassen Sie sie vor der Verwendung zugedeckt im Kühlschrank oder bei niedriger Stufe in der Mikrowelle auftauen.

FEINES FÜR FISCHFANS

orangen-lachs mit cashewreis

2 Kochbeutel 10-Minuten-Reis (à 125 g)
Salz
4 Stück Lachsfilet (à 125–150 g)
1 Bio-Orange
2 EL gemischte TK-Kräuter
4 EL Olivenöl
Pfeffer
50 g gesalzene geröstete Cashewkerne
Und: ofenfeste Form

Für 4 Personen
Pro Portion ca. 650 kcal, 32 g EW, 31 g F, 53 g KH

1 Den Reis nach Packungsangabe in Salzwasser garen. Inzwischen den Backofen auf 200° vorheizen.

2 Die Lachsfilets kalt abwaschen und trocken tupfen. Die Orange heiß abwaschen und abtrocknen, die Schale fein abreiben, den Saft auspressen. Orangensaft und -schale mit den TK-Kräutern, dem Olivenöl, Salz und Pfeffer verrühren. Die Lachsfilets darin wenden und nach Belieben ca. 5 Min. marinieren.

3 Die Cashewkerne etwas kleiner hacken. Den Reis abtropfen lassen, in die Form geben und darin mit den Cashewkernen mischen. Die Lachsfilets darauflegen, die übrige Marinade darüberträufeln. Alles im vorgeheizten Ofen (Mitte) ca. 20 Min. garen.

TURBO-TIPP Noch schneller geht die Vorbereitung von der Hand, wenn Sie den fast fertig gegarten Reis (»Express-Reis«) verwenden, der in Folienstandbeuteln angeboten wird. Sie benötigen zwei Beutel.

20 min. ZU TUN
15 min. IM OFEN

MIT ARABISCHER NOTE

fischfilet in joghurt-spinat

- 50 g Sultaninen
- 1 Bund Frühlingszwiebeln
- 2 Knoblauchzehen
- 2 EL Olivenöl
- 450 g TK-Blattspinat
- 1 TL gemahlener Kreuzkümmel
- Salz | Pfeffer
- 4 Stück Fischfilet (à 150–180 g; z. B. Pangasius)
- Saft von 1 Zitrone
- scharfes Paprikapulver (Rosenpaprika)
- 300 g türkischer oder griechischer Joghurt

Und: breite ofenfeste Form

Für 4 Personen
Pro Portion ca. 295 kcal, 24 g EW, 16 g F, 14 g KH

1 Die Sultaninen in einer Tasse in heißem Wasser einweichen. Inzwischen die Frühlingszwiebeln waschen, putzen und in feine Ringe schneiden. Den Knoblauch schälen und fein hacken. Den Backofen auf 200° vorheizen.

2 Das Olivenöl leicht erhitzen, Frühlingszwiebeln und Knoblauch darin leicht anschwitzen. TK-Spinat dazugeben und bei schwacher Hitze unter häufigem Rühren auftauen, dann einmal aufkochen lassen. Mit Kreuzkümmel, Salz und Pfeffer abschmecken.

3 Die Fischfilets kalt abwaschen und trocken tupfen. Mit Zitronensaft, Salz, Pfeffer und Paprikapulver würzen.

4 Die Sultaninen abtropfen lassen und zusammen mit dem Joghurt unter den Spinat rühren. In die Form umfüllen und darin verteilen.

5 Die Fischfilets in den Spinat drücken. In den vorgeheizten Ofen (unten) stellen, alles ca. 15 Min. garen.

SCHÖN DAZU **Fladenbrot passt ebenso gut dazu wie Couscous. Nehmen Sie Instant-Couscous, den müssen Sie nur mit kochendem Wasser übergießen und kurz quellen lassen.**

15 min. ZU TUN
18 min. IM OFEN

RAFFINIERT KOMBINIERT

schollenfilets mit sahne-couscous

250 g Möhren
¼ l Gemüsebrühe
150 g Sahne zum Kochen
200 g Instant-Couscous
Salz
Pfeffer
400 g Schollenfilets (s. Tipp)
2 EL Limettensaft
2 EL TK-Petersilie
2 EL Butter
Und: ofenfeste Form

Für 4 Personen
Pro Portion ca. 380 kcal, 26 g EW, 12 g F, 41 g KH

1 Die Möhren putzen, schälen und grob raspeln oder in feine Würfel schneiden. Zusammen mit der Gemüsebrühe in einen kleinen Topf geben und ca. 5 Min. zugedeckt dünsten.

2 Den Backofen auf 225° vorheizen. Die Sahne zu den Möhren gießen und einmal aufkochen. Den Instant-Couscous in eine Schüssel geben und mit der heißen Möhrensahne übergießen. Alles vermischen und in die Form geben. Sahne-Couscous mit Salz und Pfeffer würzen und kurz quellen lassen.

3 Die Schollenfilets kalt abwaschen und trocken tupfen, mit Salz und Pfeffer würzen und mit Limettensaft beträufeln. Die TK-Petersilie aufstreuen. Die Schollenfilets aufrollen oder halb zusammenklappen, auf das Couscous-Bett legen und leicht hineindrücken.

4 Die Butter in Flöckchen auf die Fischfilets geben. Alles im vorgeheizten Ofen (Mitte) ca. 18 Min. garen.

TIPP **Die feinen Schollenfilets gibt es auch tiefgefroren zu kaufen. Am besten lassen Sie sie vor der Zubereitung zugedeckt im Kühlschrank auftauen. Nehmen Sie das Paket einfach morgens aus dem Tiefkühler. Wenn Sie die Filets direkt nach dem Einkauf verwenden möchten, legen Sie sie nebeneinander auf einen flachen Teller und stellen diesen bei geringer Leistung in die Mikrowelle. Immer nur eine Minute einstellen, damit der Fisch auf keinen Fall gart. Natürlich können Sie auch anderes Fischfilet verwenden. Die meisten Sorten sind jedoch fester und dicker – planen Sie eine etwas längere Garzeit ein.**

20 min. ZU TUN
25 min. IM OFEN

MACHT WAS HER

lachsforelle mit äpfeln und cidre

- 4 EL Olivenöl
- 1 küchenfertige Lachsforelle (ca. 1 kg)
- Salz
- Pfeffer
- 1 Bio-Zitrone
- 10 Zweige Thymian
- 1 Bund Frühlingszwiebeln
- 4 Bio-Äpfel mit roter Schale
- ½ l Cidre (ersatzweise Apfelsaft)
- 1–2 Msp. getrocknete zerbröselte Chilischoten
- 2 EL Kräuterbutter

Und: Backblech oder große ofenfeste Form

Für 4 Personen
Pro Portion ca. 415 kcal, 24 g EW, 24 g F, 14 g KH

1 Ein Backblech oder eine große Form mit dem Olivenöl fetten. Die Lachsforelle kalt abwaschen und trocken tupfen. Mit Salz und Pfeffer einreiben und auf das Blech legen.

2 Den Backofen auf 200° vorheizen. Die Zitrone heiß abwaschen und abtrocknen, in Spalten schneiden und in die Bauchöffnung der Lachsforelle geben. Den Thymian waschen und trocken schütteln, 2 Zweige ebenfalls in den Fisch geben. Von den restlichen Thymianzweigen die Blättchen abstreifen.

3 Die Frühlingszwiebeln waschen, putzen und in feine schräge Ringe schneiden. Die Äpfel waschen, vierteln und entkernen. Die Viertel noch ein- oder zweimal durchschneiden.

4 Frühlingszwiebeln, Äpfel und Thymianblättchen auf dem Blech verteilen. Den Cidre angießen, mit Salz, Pfeffer und den zerbröselten Chilischoten würzen.

5 Die Kräuterbutter in Flöckchen auf den Fisch geben. Alles in den vorgeheizten Ofen (Mitte) stellen und ca. 25 Min. garen.

SCHÖN DAZU Frisches Baguette oder Ciabatta. Auch kleine neue Kartoffeln passen bestens – die müssen Sie vor dem Kochen lediglich abbürsten. Schälen ist überflüssig!

Italien oder Amerika bevorzugt? Saftigen Thunfisch liebt man am Mittelmeer, gefüllte Forellen in den Staaten. Probieren Sie beides!

MITTELMEER-WÜRZIG

thunfisch mit rosmarinkartoffeln

800 g längliche Kartoffeln (festkochende Sorte)
Salz
3–4 Zweige Rosmarin
6 EL Olivenöl
Pfeffer
edelsüßes Paprikapulver
1 kleine Bio-Zitrone
4 Stück Thunfischfilet (à 150–200 g)
Und: Backblech

Für 4 Personen
Pro Portion ca. 590 kcal, 36 g EW, 39 g F, 25 g KH

1 Kartoffeln schälen, längs vierteln und zugedeckt in wenig Salzwasser gut 5 Min. kochen lassen.

2 Inzwischen den Rosmarin waschen und trocken schütteln, die Nadeln abzupfen und hacken. Rosmarin mit dem Olivenöl, Salz, Pfeffer und etwas Paprikapulver verrühren.

3 Den Backofen auf 200° vorheizen. Die Bio-Zitrone heiß abwaschen und abtrocknen. Die Schale mit einem Sparschäler dünn abschälen und hacken. Die Thunfischfilets kalt abwaschen und trocken tupfen, rundherum mit Salz, Pfeffer und der Zitronenschale einreiben.

4 Die Kartoffeln abgießen, in dem Rosmarin-Öl wenden und auf einem Backblech verteilen. Etwas an die Seite schieben, die vorbereiteten Thunfisch-Filets dazwischenlegen. Alles im vorgeheizten Ofen (Mitte) ca. 12 Min. garen.

TURBO-TIPP Übrig gebliebene Kartoffeln vom Vortag klein schneiden und wie beschrieben braten.

SOMMERLICH FEIN

forellen mit spinatfüllung

1 Zwiebel
1 TL Öl
150 g TK-Blattspinat
Salz | Pfeffer
4 EL weiche Butter
1 Bio-Zitrone
4 küchenfertige Forellen (à ca. 250 g)
4 große gegarte Kartoffeln (Baked Potatoes; Kühlregal)
Und: Alufolie | Backblech

Für 4 Personen
Pro Portion ca. 310 kcal, 28 g EW, 14 g F, 16 g KH

1 Die Zwiebel schälen und klein würfeln. Das Öl in einen kleinen Topf geben, Zwiebelwürfel darin anschwitzen. Den TK-Blattspinat dazugeben, mit Salz und Pfeffer würzen und zugedeckt bei schwacher Hitze auftauen lassen.

2 Den Backofen auf 225° vorheizen. 4 große Stücke Alufolie bereitlegen und in der Mitte mit etwas Butter bestreichen.

3 Die Zitrone heiß abwaschen, abtrocknen und in dünne Scheiben schneiden. Die Forellen kalt abwaschen und trocken tupfen. Den Spinat abschmecken, die Forellen damit füllen und auf die Alufolie legen. Die Zitronenscheiben auf die Fische legen, die übrige Butter in Flöckchen darauf verteilen.

4 Die Folien jeweils über den Forellen verschließen. Die Päckchen auf ein Backblech setzen, die Kartoffeln danebenlegen. Alles in den vorgeheizten Ofen (Mitte) stellen und ca. 20 Min. garen.

SCHNELLE »LASAGNE«

nudelgratin mit lachs und mangold

Salz
250 g breite Bandnudeln
500 g Mangold
1 Zwiebel
2 EL Butter
1 EL Apfel- oder Weißweinessig
1 EL Mehl
¼ l Gemüsebrühe
Pfeffer
Muskatnuss
4 Stück Lachsfilet (à 125–150 g)
150 g Raclettekäse in Scheiben
Und: breite ofenfeste Form

Für 4 Personen
Pro Portion ca. 670 kcal, 42 g EW, 34 g F, 48 g KH

1 2–3 l Wasser in einem breiten Topf zum Kochen bringen und salzen. Die Nudeln darin nach Packungsangabe nur gerade eben bissfest garen.

2 Inzwischen den Mangold waschen und putzen. Stiele und Grün voneinander trennen. Die Stiele in schmale und das Grün in etwas breitere Streifen schneiden. Die Zwiebel schälen und klein würfeln.

3 Den Backofen auf 200° vorheizen. In einem Topf die Butter zerlassen, die Zwiebel darin glasig anschwitzen. Die Mangoldstiele dazugeben, den Essig angießen. Alles 2 Min. unter Rühren garen. Dann das Mehl darüberstäuben und die Gemüsebrühe angießen. Mit Salz, Pfeffer und 1 Prise Muskatnuss würzen und die Mangoldblätter dazugeben. Alles 2–3 Min. unter Rühren kochen lassen.

4 Die Nudeln in einem Sieb abtropfen lassen. Die Hälfte davon in die Form geben. Den Mangold abschmecken, die Hälfte davon auf die Nudeln geben. Die Lachsfilets in dicke Scheiben schneiden, mit Salz und Pfeffer würzen und auf den Mangold legen. Mit dem restlichen Mangold und dann mit den übrigen Nudeln abdecken.

5 Die Käsescheiben obenauf geben, alles im vorgeheizten Ofen (unten) ca. 20 Min. überbacken.

20 min.
ZU TUN
20 min.
IM OFEN

Lust auf Meer? Mit mediterranen Aromen lädt der Fischtopf zum Löffeln ein.
Würzige Tomatensauce macht den Schwertfisch unwiderstehlich.

FÜR KNOBLAUCHFANS

fischtopf aus dem ofen

1 kleine Stange Lauch
1 Fenchelknolle
1 Möhre
8 getrocknete Tomaten
4 Knoblauchzehen
4 EL Olivenöl
1 TL Fenchelsamen
¼ l trockener Weißwein
400 ml Fischfond
1 Döschen gemahlener Safran
Salz | Pfeffer
600–800 g gemischte Fischfilets
2 Knoblauch-Baguettes zum Aufbacken (Kühlregal)
Und: breiter, ofenfester Topf | Backrost

Für 4 Personen
Pro Portion ca. 575 kcal, 35 g EW, 23 g F, 45 g KH

1 Den Backofen auf 200° vorheizen. Lauch und Fenchel putzen, waschen und jeweils in feine Streifen schneiden. Die Möhre schälen und in dünne Scheiben schneiden oder hobeln. Die getrockneten Tomaten klein schneiden. Den Knoblauch schälen und in feine Stifte schneiden.

2 Das Olivenöl in einem breiten ofenfesten Topf erhitzen. Die Fenchelsamen darin anrösten. Den Knoblauch und die übrigen vorbereiteten Zutaten dazugeben und kurz anschwitzen. Mit dem Weißwein und dem Fischfond ablöschen und mit Safran, Salz und Pfeffer würzen. Alles zum Kochen bringen und 5 Min. kochen lassen.

3 Inzwischen die Fischfilets kalt abwaschen und in mundgerechte Stücke teilen. Den Topf von der Kochstelle nehmen und die Fischstücke einlegen. Den Topf auf den Rost in den vorgeheizten Ofen (unten) stellen, die Baguettes daneben auf den Rost legen. Alles ca. 12 Min. garen.

MAROKKANISCH

schwertfisch mit tomatensauce

4 Knoblauchzehen
½–1 Bund Koriandergrün
1 TL Kreuzkümmel
1 TL scharfes Paprikapulver (Rosenpaprika)
3 EL Zitronensaft
6 EL Olivenöl
4 Stück Schwertfischfilet (à ca. 150 g; ersatzweise anderes Fischfilet, z. B. Thunfisch)
1 Gemüsezwiebel
1 Dose gehackte Tomaten (400 g)
Salz | Pfeffer
2 EL Kapern (Glas)
4 EL gehackte Oliven
Und: breite ofenfeste Form mit Deckel oder Alufolie

Für 4 Personen
Pro Portion ca. 370 kcal, 32 g EW, 23 g F, 6 g KH

1 Den Knoblauch schälen. Das Koriandergrün waschen und trocken schütteln. Beides zusammen mit dem Kreuzkümmel, Paprikapulver und Zitronensaft im Mixer pürieren. 5 EL Olivenöl nach und nach untermixen.

2 Den Backofen auf 200° vorheizen. Die Fischfilets kalt abwaschen und trocken tupfen. Von beiden Seiten mit der Koriander-Knoblauch-Mischung einstreichen und in die breite ofenfeste Form legen.

3 Die Zwiebel schälen und in kleine Würfel schneiden. Restliches Olivenöl in einem Topf erhitzen, die Zwiebelwürfel darin leicht anbraten. Die Tomaten dazugeben, mit Salz und Pfeffer würzen und unter Rühren aufkochen lassen. Die Kapern und die Oliven einrühren, die Sauce abschmecken und über die Fischfilets verteilen.

4 Die Form mit einem passenden Deckel oder mit Alufolie abdecken. Alles im vorgeheizten Ofen (Mitte) je nach Dicke der Fischfilets in 20–22 Min. garen.

15 min. ZU TUN
17 min. IM OFEN

ÜBERRASCHENDES FÜR GÄSTE

basilikum-lachs im teigmantel

1 Rolle backfertiger Pizzateig (ca. 400 g; Kühlregal)
4 Stück Lachsfilet (à 125–150 g)
2–3 EL Zitronensaft
Salz | Pfeffer
½ Bund Basilikum
Und: Backblech

Für 4 Personen
Pro Portion ca. 510 kcal, 31 g EW, 24 g F, 43 g KH

1 Den Backofen auf 225° vorheizen. Den Pizzateig auswickeln, längs und quer halbieren, sodass vier gleich große Rechtecke entstehen. Das Backpapier aus der Teigpackung auf einem Backblech auslegen.

2 Die Lachsfilets kalt abwaschen und gut trocken tupfen. Mit Zitronensaft einreiben, mit Salz und Pfeffer würzen. Das Basilikum waschen und trocken schütteln, die Blättchen grob zerschneiden. Die Lachsfilets darin wenden.

3 Die Filets auf die Pizzateigstücke legen und darin einwickeln, die überstehenden Teigränder nach unten unter die Rolle schlagen. Auf das vorbereitete Blech heben, in den vorgeheizten Ofen (unten) stellen und alles ca. 17 Min. garen.

SCHÖN DAZU **Als Begleitung passt Tomatensalat besonders gut – mit einer Vinaigrette aus feinem Aceto balsamico, Salz, Pfeffer und aromatischem Olivenöl.**

TIPP **Der umhüllte Lachs schmeckt auch kalt superlecker. Einfach die Päckchen in dicke Scheiben schneiden und zusammen mit gemischtem Salat servieren.**

PIZZA, QUICHE & CO.

FRÜHLINGSHIT

spargeltarte mit ricotta

1 Rolle backfertiger Mürbeteig für Herzhaftes (ca. 300 g; Kühlregal)
500 g grüner Spargel (s. Tipp)
2 EL Olivenöl
Salz
Zucker
250 g Ricotta
3 Eier (Größe M)
2 EL gemischte TK-Kräuter (z. B. italienische Art)
Pfeffer
Muskatnuss
75 g Kirschtomaten
Und: Tarte- oder Quicheform mit ca. 26 cm ∅

Für 4 Personen
Pro Portion ca. 430 kcal, 16 g EW, 28 g F, 26 g KH

1 Den Teig aus dem Kühlschrank nehmen. Den Spargel waschen, holzige Enden abschneiden. Stangen im unteren Drittel schälen, dann schräg in Stücke schneiden. Das Öl in einer Pfanne leicht erhitzen, den Spargel darin 3–4 Min. leicht anbraten, dabei mit Salz und Zucker würzen. Vom Herd nehmen.

2 Den Backofen auf 200° vorheizen. Den Teig aus der Packung nehmen, einmal zusammenklappen und etwa in der Größe der Form ausrollen. Die Form damit auskleiden. Überstehenden Teig wegschneiden. Den Teigboden mit einer Gabel mehrmals einstechen.

3 Ricotta mit den Eiern, den TK-Kräutern, Salz, Pfeffer und 1 Prise Muskatnuss verquirlen und auf den Mürbeteigboden geben. Den Spargel darauf verteilen.

4 Die Kirschtomaten waschen und halbieren, mit den Rundungen nach unten zwischen die Spargelstangen legen. Nach Belieben noch 3 oder 4 Cocktailtomaten ganz lassen und dazwischenlegen. Die Tarte im vorgeheizten Ofen (Mitte) ca. 30 Min. backen.

TIPP Grüner Spargel muss im Gegensatz zu den weißen Stangen nur im unteren Drittel geschält werden. Und da für diese Tarte nur eine kleine Menge benötigt wird, passt das Rezept zur schnellen Küche.

20 min.
ZU TUN
30 min.
IM OFEN

Rundum lecker! Fertig gekauftes Fladenbrot wird fix zum saftigen Flammkuchen, und Rote Bete zeigt sich im Keksbett schnell in Bestform.

PERFEKTER WEIN-BEGLEITER

fladenbrot-flammkuchen

1 großes Fladenbrot (ca. 400 g)
2 große Zwiebeln
1 EL Öl
150 g geräucherter Schinken in kleinen Würfeln
300 g Schmand
Salz | Pfeffer
Currypulver
1 Dose Maiskörner (ca. 330 g Abtropfgewicht)
Und: 2 Backbleche

Für 4 Personen
Pro Portion ca. 625 kcal, 26 g EW, 26 g F, 72 g KH

1 Den Backofen auf 225° vorheizen. Das Fladenbrot waagerecht halbieren und jede Hälfte auf ein Extra-Backblech legen.

2 Die Zwiebeln schälen und in kleine Würfel schneiden. Das Öl in einer Pfanne erhitzen, die Zwiebelwürfel darin goldgelb anbraten. Den Schinken dazugeben, alles ca. 5 Min. unter gelegentlichem Rühren braten.

3 Den Schmand auf den Fladenbrot-Hälften verstreichen, mit Salz, Pfeffer und Currypulver würzen. Den Mais abtropfen lassen und darauf verteilen, dann die Zwiebel-Schinken-Mischung auf die Hälften geben.

4 Alles im vorgeheizten Ofen (Mitte) ca. 15 Min. backen – bei Ober- und Unterhitze nacheinander, bei Umlufthitze können beide Bleche gleichzeitig eingeschoben und dann nach der Hälfte der Backzeit getauscht werden.

RUSTIKAL

rote gemüsetarte mit speck

150 g Cracker oder Graham-Kekse
75 g weiche Butter
1 Stange Lauch
75 g Speckwürfel
300 g gekochte Rote Bete (vakuumverpackt)
3 Eier (Größe M)
200 ml Milch
40 g geriebener Parmesan
1 TL geriebener Meerrettich (Glas)
Salz | Pfeffer
Und: Tarte- oder Springform mit ca. 26 cm ∅

Für 4 Personen
Pro Portion ca. 580 kcal, 17 g EW, 42 g F, 34 g KH

1 Die Cracker in einen Gefrierbeutel geben, mit einem Nudelholz darüberrollen und die Cracker dadurch fein zerkleinern. Mit der Butter verrühren und auf dem Boden der Tarte- oder Springform verteilen. Einen schmalen Rand hoch drücken.

2 Den Backofen auf 200° vorheizen. Den Lauch putzen, aufschlitzen und waschen, dann quer in 1 cm breite Stücke schneiden. Den Speck in einer Pfanne anbraten, den Lauch dazugeben und mit anschwitzen.

3 Rote Bete erst in Scheiben, dann in Streifen schneiden, mit Lauch und Speck mischen und auf den Cracker-Boden geben.

4 Die Eier mit Milch, Parmesan, Meerrettich, Salz und Pfeffer verquirlen und über die Rote-Bete-Mischung geben. Die Form in den vorgeheizten Ofen (unten) stellen, alles ca. 25 Min. garen.

20 min. ZU TUN
20 min. IM OFEN

GRIECHISCH INSPIRIERT

auberginen-törtchen

1 Salatgurke
500 g griechischer Schafsmilch-Joghurt
2 Knoblauchzehen
Salz | Pfeffer
1 Aubergine (ca. 300 g)
1 Dose kleine weiße Bohnenkerne (ca. 260 g Abtropfgewicht)
je 50 g grüne und schwarze entsteinte Oliven
200 g Schafskäse (Feta)
6 EL Olivenöl
1 TL getrockneter Oregano
8 Blätter Yufka-Teig (ca. 200 g; Kühlregal; s. Info)
Und: 4 ofenfeste Portionsformen mit ca. 15 cm ∅

Für 4 Personen
Pro Portion ca. 675 kcal, 24 g EW, 49 g F, 26 g KH

1 Die Gurke schälen, halbieren und mit einem kleinen Löffel die Kerne herausschaben. Gurke grob raspeln und mit dem Joghurt verrühren. Knoblauch schälen und dazupressen, alles mit Salz und Pfeffer abschmecken und zugedeckt beiseitestellen.

2 Die Aubergine waschen, putzen und 1 cm klein würfeln. Stücke auf Küchenpapier ausbreiten und mit Salz bestreut etwas ziehen lassen.

3 Inzwischen den Backofen auf 200° vorheizen. Die Bohnenkerne in ein Sieb gießen, kalt abbrausen und gut abtropfen lassen. Die Oliven halbieren, den Feta klein würfeln. 2 EL Olivenöl in einer Pfanne erhitzen. Die Auberginenwürfel trocken tupfen, im Öl rundherum 3 Min. anbraten. Mit Pfeffer und Oregano würzen. Mit Bohnen, Oliven und dem Feta mischen.

4 Die Portionsformen mit etwas Öl ausstreichen. Yufka-Teig aus der Packung nehmen, je 2 Blätter übereinander in die Formen legen – die Teigränder stehen über. Teig in den Formen vorsichtig mit einem geölten Backpinsel an den Rand drücken.

5 Die Auberginenmischung in die Törtchen verteilen. Überstehenden Teig teilweise darüber drapieren und mit restlichem Olivenöl einpinseln. In den vorgeheizten Ofen (Mitte) stellen, alles ca. 20 Min. garen und zusammen mit der Gurken-Joghurt-Sauce servieren.

INFO: YUFKA-TEIG **Den hauchdünnen Teig gibt es seit einiger Zeit nicht mehr allein beim Griechen oder Türken zu kaufen, er liegt auch abgepackt im Kühlregal größerer Supermärkte. Nehmen Sie den Teig erst unmittelbar vor der Verarbeitung aus der Packung, denn er wird schnell trocken und bricht dann.**

TURBO-TÖRTCHEN **Noch schneller geht's, wenn Sie nur Bohnen, Oliven und Feta als Füllung verwenden. Das Schneiden, Ziehenlassen und Braten der Aubergine entfällt.**

20 min. ZU TUN
30 min. IM OFEN

SCHÖN WÜRZIG

paprikastern im lauchbett

1 Rolle backfertiger Mürbeteig für Herzhaftes (ca. 300 g; Kühlregal)
125 g Kabanossi
1 große Stange Lauch
Salz | Pfeffer
scharfes Paprikapulver (Rosenpaprika)
3 Eier (Größe M)
150 g Crème fraîche
125 g Buttermilch
2 kleine Spitzpaprikaschoten
Und: Tarte- oder Springform mit ca. 26 cm ∅ (s. Tipp)

Für 4 Personen
Pro Portion ca. 570 kcal, 15 g EW, 42 g F, 30 g KH

1 Den Teig aus dem Kühlschrank nehmen. Die Wurst längs vierteln, quer in kleine Stücke schneiden. Stückchen in eine breite beschichtete Pfanne geben und bei mittlerer Hitze anbraten.

2 Inzwischen Lauch putzen, aufschlitzen, waschen und klein schneiden. Die Lauchstücke zu der angebratenen Wurst geben. Alles mit Salz, Pfeffer und Paprikapulver würzen und ca. 5 Min. unter Rühren bei mittlerer Hitze weiterbraten.

3 Den Backofen auf 200° vorheizen. Die Eier mit der Crème fraîche und der Buttermilch verquirlen. Die Spitzpaprika waschen, putzen und längs vierteln.

4 Den Teig aus der Packung nehmen, einmal zusammenklappen und etwa in der Größe der Form ausrollen. Die Form damit auskleiden. Überstehenden Teig wegschneiden. Den Teigboden mit einer Gabel mehrmals einstechen.

5 Die Lauchmischung auf dem Teig verteilen, die Paprikaviertel sternförmig dazwischendrücken. Die Eiermischung darüber verteilen. Alles im vorgeheizten Ofen (Mitte) ca. 30 Min. backen.

DIE PASSENDE FORM **In einer runden Form sieht der fertige Kuchen am schönsten aus – deshalb eignet sich eine Tarte- oder Springform besonders gut. Nehmen Sie am besten eine mit herausnehmbarem Boden – so können Sie die fertige Tarte besonders einfach servieren.**

Immer gut aufgelegt! Links krönen Meeresfrüchte schlichten Pizzateig aus dem Kühlregal. Rechts sorgen Blumenkohl und Mettwurst für kräftigen Geschmack.

AUS DEM VORRAT

thunfisch-muschel-pizza

1 Rolle backfertiger Pizzateig (ca. 400 g; Kühlregal)
1 Dose gehackte Tomaten (400 g)
Salz | Pfeffer
2 TL getrockneter Thymian
1 Dose Thunfisch im eigenen Saft (ca. 180 g Abtropfgewicht)
1 kleines Glas Miesmuscheln in Salzlake (ca. 70 g Abtropfgewicht)
50 g grüne, mit Paprika gefüllte Oliven
2 Rahm-Camemberts (à 125 g)
2 EL Olivenöl
1 TL getrocknete zerbröselte Chilischoten
Und: Backblech

Für 4 Personen
Pro Portion ca. 650 kcal, 32 g EW, 36 g F, 47 g KH

1 Den Backofen auf 250° vorheizen. Den Pizzateig auseinanderrollen und mit dem in der Packung enthaltenen Backpapier auf ein Backblech legen. Den Teig evtl. noch ein wenig auseinanderziehen, damit er dünner wird und das Blech ausgefüllt ist.

2 Die Tomaten auf dem Pizzateig verteilen, mit Salz, Pfeffer und dem Thymian würzen.

3 Den Thunfisch abtropfen lassen und zerpflücken, die Muscheln ebenfalls abtropfen lassen. Die Oliven klein schneiden. Alles auf der Pizza verteilen. Den Käse in dünne Scheiben schneiden und darüberlegen. Alles mit Olivenöl beträufeln und mit Chili bestreuen. Im vorgeheizten Ofen (unten) 10–12 Min. backen.

PIZZATEIG SELBER MACHEN **Wenn mal ausreichend Zeit ist: ½ Würfel frische Hefe zerbröckeln, mit 200 ml lauwarmem Wasser glatt rühren und mit 450 g Mehl, 2 TL Salz und 4 EL Olivenöl verkneten. Zugedeckt an einem warmen Ort ca. 1 Stunde aufgehen lassen. Die Menge reicht für ein Backblech oder für 4 Pizzaformen.**

ÜBERRASCHEND ANDERS

pizza auf norddeutsche art

Salz
1 kleiner Blumenkohl (ca. 800 g)
1 Rolle backfertiger Pizzateig (ca. 400 g; Kühlregal)
2 EL Tomatenmark
Pfeffer
125 g grobe Mettwurst
2 Eigelbe
100 g geriebener Gouda
Und: Backblech

Für 4 Personen
Pro Portion ca. 510 kcal, 23 g EW, 26 g F, 46 g KH

1 In einem Topf ca. ½ l Wasser aufkochen und salzen. Inzwischen den Blumenkohl putzen und in kleine Röschen teilen. Kohl im kochenden Salzwasser ca. 8 Min. garen. Den Backofen auf 220° vorheizen.

2 Den Pizzateig auseinanderrollen und mit dem in der Packung enthaltenen Backpapier auf ein Backblech legen. Dünn mit dem Tomatenmark bestreichen, Pfeffer darübermahlen. Die Mettwurst in kleine Portionen schneiden und auf dem Pizzateig verteilen.

3 Den Blumenkohl abtropfen lassen, auf dem Pizzateig verteilen. Die Eigelbe verquirlen, den Blumenkohl damit einpinseln. Den Käse aufstreuen. Das Blech in den vorgeheizten Ofen (unten) schieben, die Pizza ca. 15 Min. backen.

INFO: TK-PIZZATEIG **Neben fertigem Pizzateig aus dem Kühlregal gibt es auch TK-Teig zu kaufen. Den können Sie ebenfalls verwenden, allerdings muss er zuerst auftauen. Legen Sie das Paket am besten morgens in den Kühlschrank, dann können Sie mittags oder abends loslegen. Wenn das Auftauen schneller gehen soll, legen Sie die Scheiben nebeneinander auf Ihre Arbeitsfläche und decken alles mit einem Tuch ab.**

WÜRZIG MIT SPECK

gemüsekuchen mit cashewkernen

1 Rolle backfertiger Blätterteig (ca. 270 g; Kühlregal)
400 g gemischtes TK-Gemüse
Salz
75 g gesalzene geröstete Cashewkerne
3 Eier (Größe M)
200 g Sahne
Pfeffer
150 g Bacon (Räucherspeck in dünnen Scheiben)
Und: Tarte- oder Quicheform mit ca. 28 cm ∅ (s. Tipp)

Für 4 Personen
Pro Portion ca. 770 kcal, 23 g EW, 56 g F, 42 g KH

1 Ca. 1 ½ l Wasser in einem Topf zum Kochen bringen. Den Backofen auf 200° vorheizen.

2 Den Blätterteig auseinanderrollen, einmal in der Mitte zusammenklappen, dann rund ausrollen. Die Form damit auskleiden – der Teig darf an einigen Stellen ruhig ein wenig überstehen. Den Teigboden mit einer Gabel mehrmals einstechen.

3 Das TK-Gemüse in das kochende Wasser geben, salzen und 1 Min. kochen lassen, dann in ein Sieb abgießen und sehr gut abtropfen lassen. Gemüse auf dem Blätterteigboden verteilen. Die Cashewkerne etwas kleiner hacken und darüberstreuen.

4 Die Eier mit der Sahne verquirlen, mit Salz und Pfeffer würzen und über dem Gemüse verteilen.

5 Speckscheiben jeweils einmal durchschneiden, nach Belieben halb zusammenklappen und auf dem Gemüse arrangieren. Den Gemüsekuchen im vorgeheizten Ofen (Mitte) ca. 30 Min. backen.

DIE PASSENDE FORM In einer großen Quicheform gelingt der Gemüsekuchen besonders schnell und gut. Wenn Sie ihn in einer kleineren Form zubereiten, verlängern Sie einfach um mindestens 10 Min. die Backzeit. Natürlich eignet sich auch eine rechteckige Form, die sich gut mit dem Teig auskleiden lässt.

20 min.
ZU TUN
30 min.
IM OFEN

PRIMA FÜRS PICKNICK

apfel-zwiebel-törtchen

- 2 EL weiche Butter
- 1 Rolle backfertiger Blätterteig (ca. 270 g; Kühlregal)
- 2 rote Zwiebeln
- Salz | Pfeffer
- ½ TL Fenchelsamen
- 3 Eier (Größe M)
- 150 ml Milch
- 100 g gekochter Schinken in kleinen Würfeln
- 2 Bio-Äpfel
- 2 EL Zitronensaft
- 60 g Grissini
- 100 g Reblochon (s. Info) oder Gouda
- Und: 4 ofenfeste Portionsformen mit ca. 15 cm ∅ (s. Tipp)

Für 4 Personen
Pro Portion ca. 570 kcal, 25 g EW, 34 g F, 42 g KH

1 Die Portionsformen gründlich mit etwas Butter ausstreichen. Den Teig auswickeln, in vier Stücke schneiden und die Formen damit auskleiden. Überstehenden Teig nach Belieben wegschneiden. Jeden Teigboden mehrmals mit einer Gabel einstechen.

2 Die Zwiebeln schälen, halbieren und in halbe Ringe schneiden. Die restliche Butter in einer Pfanne erhitzen. Die Zwiebeln darin 5 Min. bei schwacher Hitze garen. Mit Salz, Pfeffer und Fenchelsamen würzen.

3 Den Backofen auf 200° vorheizen. Die Eier mit der Milch verquirlen, die Zwiebeln und den Schinken untermischen. Alles in die ausgekleideten Formen verteilen.

4 Die Äpfel waschen, vierteln und entkernen, in Spalten schneiden und mit Zitronensaft beträufeln. Äpfel in die Zwiebel-Mischung stecken.

5 Die Grissini grob zerbröckeln, den Käse würfeln. Beides über den Törtchen verteilen. Die Formen in den vorgeheizten Ofen (Mitte) stellen, alles ca. 30 Min. backen.

DIE PASSENDEN FORMEN **Hier bekommt jeder ein eigenes Förmchen. Wenn Ihnen das zu aufwendig ist oder Sie keine Portionsformen haben, backen Sie alles in einer großen eckigen Auflaufform oder in einer Reine. Die Form mit dem Teig auskleiden, einen 2–3 cm hohen Rand formen. Alle Zutaten einfüllen, bei 180° ca. 45 Min. backen.**

INFO: REBLOCHON **Der halbfeste Schnittkäse stammt aus Frankreich, genauer gesagt aus der südlich des Genfer Sees gelegenen Region »Savoyen«. Unter einer hellgelb-orangenen Schale verbirgt sich wunderbar sahniger und aromatisch-butteriger Käse, der beim Zerlaufen im heißen Ofen ein ganz besonderes Aroma annimmt.**

20 min.
ZU TUN
30 min.
IM OFEN

Konkurrenz für den Lieferservice: Gefüllte Zwiebelpizza und klassische Capricciosa sind blitzschnell gemacht, preiswert und einfach unwiderstehlich gut – wie in Italien.

GANZ EINFACH

gefüllte zwiebelpizza

1 Rolle backfertiger Pizzateig
(ca. 400 g; Kühlregal)
400 g rote Zwiebeln
6 EL Olivenöl
6 getrocknete, in Öl eingelegte Tomaten
1 EL getrocknetes Pizzagewürz oder
getrockneter Thymian
Salz | Pfeffer
125 g Büffel-Mozzarella
2 Knoblauchzehen
Und: Backblech | Backpapier

Für 4 Personen
Pro Portion ca. 610 kcal, 16 g EW, 39 g F, 49 g KH

1 Den Backofen auf 225° vorheizen. Den Pizzateig aus der Verpackung nehmen und auseinanderrollen.

2 Die Zwiebeln schälen, halbieren und in dünne Scheiben schneiden. 4 EL Olivenöl in einer Pfanne erhitzen, die Zwiebeln darin rundherum 5 Min. bei mittlerer Hitze braten. Die Tomaten klein schneiden und dazugeben, mit Pizzagewürz oder Thymian, Salz und Pfeffer würzen.

3 Den Teig auf ein mit Backpapier belegtes Blech heben (trotz des in der Packung enthaltenen Papiers). Eine Teighälfte mit den Zwiebeln bedecken. Den Mozzarella klein schneiden und darüber verteilen.

4 Die zweite Teighälfte über die Füllung legen, rundherum an den Rändern leicht andrücken und die Oberfläche mehrmals diagonal einschneiden, sodass die Füllung sichtbar wird.

5 Den Knoblauch schälen, in ein Schälchen pressen und mit dem restlichen Öl verquirlen. Den Teig damit einpinseln. Die Pizza im vorgeheizten Ofen (Mitte) ca. 16 Min. backen.

ITALO-KLASSIKER

pizza capricciosa

1 Rolle backfertiger Pizzateig
(ca. 400 g; Kühlregal)
1 Dose gehackte Tomaten (400 g)
Salz | Pfeffer
2 TL getrockneter Oregano
4 in Öl eingelegte Sardellenfilets (Glas)
100 g gekochter Schinken
100 g kleine feste Champignons
250 g Büffel-Mozzarella
2 EL Olivenöl
Und: Backblech

Für 4 Personen
Pro Portion ca. 600 kcal, 31 g EW, 32 g F, 46 g KH

1 Den Backofen auf 250° vorheizen. Den Pizzateig auseinanderrollen und mit dem in der Packung enthaltenen Backpapier auf ein Backblech legen. Teig etwas in die Breite und Länge ziehen.

2 Die Tomaten auf dem Pizzateig verstreichen, mit Salz, Pfeffer und dem Oregano würzen.

3 Die Sardellenfilets abtropfen lassen und klein schneiden. Den gekochten Schinken in mundgerechte Stücke oder in Streifen schneiden. Beides auf der Pizza verteilen.

4 Die Champignons kurz waschen oder mit einem feuchten Tuch abreiben, in dünne Scheiben schneiden und ebenfalls auf der Pizza verteilen. Den Mozzarella in Scheiben schneiden und obenauf legen, alles mit Olivenöl beträufeln. Das Blech in den vorgeheizten Ofen (unten) schieben, die Pizza ca. 12 Min. backen.

Favoriten fürs Familienessen und zugleich auch Partyhit: Die herzhaften Kuchen mit viel Gemüse sind schnell in Form gebracht. Die liebt garantiert jeder!

MIT FEINER DILLNOTE

lachs-zucchini-quiche

1 Rolle backfertiger Mürbeteig für Herzhaftes (ca. 300 g; Kühlregal)
2 Zucchini
Salz
100 g Räucherlachs
100 g Sahne zum Kochen
150 g Crème fraîche
3 Eier (Größe M)
2 EL TK-Dill
Pfeffer
Muskatnuss
Und: rechteckige ofenfeste Form

Für 4 Personen
Pro Portion ca. 490 kcal, 15 g EW, 34 g F, 28 g KH

1 Den Mürbeteig auswickeln, die ofenfeste Form damit auskleiden. Überstehenden Teig wegschneiden. Den Boden mit einer Gabel mehrmals einstechen.

2 Den Backofen auf 200° vorheizen. Die Zucchini waschen, putzen und grob raspeln. In wenig Salzwasser 1 Min. dünsten, dann in ein Sieb abgießen und gut ausdrücken. Den Lachs in Streifen schneiden und mit den Zucchini auf dem Teig verteilen.

3 Die Sahne mit der Crème fraîche, den Eiern, TK-Dill, Salz, Pfeffer und 1 Prise Muskatnuss verquirlen und über Lachs und Zucchini geben. Alles im vorgeheizten Ofen (Mitte) ca. 30 Min. backen.

NUSSIG-PIKANT

quiche mit zweierlei petersilie

1 Rolle backfertiger Mürbeteig für Herzhaftes (ca. 300 g; Kühlregal)
750 g Petersilienwurzeln
Salz
1 Bund Petersilie
50 g Walnusskerne
125 g Büffel-Mozzarella
Pfeffer
100 g geriebener Bergkäse (ersatzweise Emmentaler)
Und: Tarte- oder Quicheform mit 24–26 cm ∅

Für 4 Personen
Pro Portion ca. 550 kcal, 24 g EW, 34 g F, 37 g KH

1 Den Mürbeteig auswickeln, die ofenfeste Form damit auskleiden. Überstehenden Teig wegschneiden. Den Boden mit einer Gabel mehrmals einstechen.

2 Die Petersilienwurzeln waschen, schälen und in dünne Scheiben schneiden. Zugedeckt in wenig Salzwasser 5–6 Min. kochen lassen.

3 Inzwischen den Backofen auf 200° vorheizen. Die Petersilie waschen und trocken schütteln, die Blättchen hacken. Walnüsse ein wenig zerkleinern, den Mozzarella abtropfen lassen und in Scheiben schneiden.

4 Die Petersilienwurzeln in einem Sieb abtropfen lassen, mit der gehackten Petersilie und den Walnüssen mischen und auf den Teigboden geben. Alles pfeffern, dann den Mozzarella und den Bergkäse darüber verteilen. Die Quiche im vorgeheizten Ofen (Mitte) ca. 30 Min. backen.

VEGETARISCH GLÜCKLICH

20 min. ZU TUN
30 min. IM OFEN

EIWEISSREICH

linsen-chili mit nacho-kruste

300 g Möhren
2 EL Olivenöl
250 g kleine Linsen (z. B. Berglinsen)
3 TL gekörnte Instant-Gemüsebrühe
1 EL Cayennepfeffer
1 Stange Lauch
1 Dose Kidneybohnen
(ca. 250 g Abtropfgewicht)
4 große Tomaten
Salz
Tabasco
100 g Nacho-Chips
Und: breite ofenfeste Form

Für 4 Personen
Pro Portion ca. 440 kcal, 23 g EW, 12 g F, 59 g KH

1 Im Wasserkocher oder in der Mikrowelle 1 l Wasser aufkochen. Die Möhren putzen, schälen und klein würfeln (s. Tipp). Olivenöl in einem Topf erhitzen, Möhrenwürfel darin kurz anschwitzen.

2 Das kochende Wasser angießen, die Linsen, die Instant-Gemüsebrühe und den Cayennepfeffer einrühren. Alles aufkochen und ca. 10 Min. kochen lassen.

3 Den Backofen auf 175° vorheizen. Den Lauch putzen, aufschlitzen, waschen und klein schneiden. Die Kidneybohnen in ein Sieb geben, kalt abbrausen und abtropfen lassen. Die Tomaten waschen, die Stielansätze herausschneiden, Tomaten in Scheiben schneiden.

4 Lauch und die Kidneybohnen zu den Linsen geben. Alles noch einmal aufkochen, mit Salz und Tabasco abschmecken und in die Form geben. Die Tomaten darauflegen, die Nacho-Chips darüber verteilen. Alles im vorgeheizten Ofen (Mitte) ca. 30 Min. backen.

SCHNELLE WÜRFEL **Mit einem großen Messer geht's ganz fix: Die geschälten Möhren erst längs in dünne Scheiben, dann in lange Streifen und diese quer in kleine Würfel schneiden.**

FÜR KÄSEFANS **Wer Käse liebt, bestreut die Nachos noch mit etwas geriebenem Cheddar oder Emmentaler, bevor die Form in den Ofen kommt.**

UNGEWÖHNLICH KOMBINIERT

bulgur mit kohlrabidecke

250 g Bulgur (grober Hartweizen; s. Info)
1 EL gekörnte Instant-Gemüsebrühe
4 geröstete, in Öl eingelegte Paprikaschoten
100 g Mungobohnensprossen
3 Kohlrabiknollen
200 g Sahne zum Kochen
100 g geriebener Mozzarella
Salz | Pfeffer
1–2 TL Garam Masala (indische Gewürzmischung)
Und: breite ofenfeste Form

Für 4 Personen
Pro Portion ca. 445 kcal, 19 g EW, 15 g F, 54 g KH

1 In einem Topf 600 ml Wasser mit Bulgur und der Gemüsebrühe verrühren, aufkochen und zugedeckt 7–8 Min. köcheln lassen – der Bulgur soll nicht zu weich werden.

2 Inzwischen die eingelegten Paprikaschoten in feine Streifen schneiden. Die Sprossen in ein Sieb geben und abbrausen. Den Kohlrabi putzen, das zarte Grün hacken und beiseitestellen. Die Knollen schälen und in dünne Scheiben schneiden.

3 Den Backofen auf 225° vorheizen. Die Sahne mit dem geriebenem Mozzarella, Salz, Pfeffer, Garam Masala und dem gehackten Kohlrabigrün verrühren.

4 Paprikastreifen und die Sprossen unter den Bulgur mischen und alles in der Form verteilen. Die Kohlrabischeiben dachziegelförmig darauf arrangieren. Die Sahnemischung darüber verteilen. Die Form in den vorgeheizten Ofen (Mitte) stellen und alles ca. 20 Min. garen.

INFO: BULGUR Die beliebte Zutat in der türkischen und orientalischen Küche ist ein vorgekochter und dann wieder getrockneter Weizen, meist ein Hartweizen. Die getrockneten Körnchen werden mehr oder weniger grob zerkleinert und sind dank dieser Verarbeitungsschritte besonders schnell gar.

MAL ANDERS Statt mit Bulgur können Sie das feine Essen auch mit körnigem Reis oder mit gekochten kleinen Nudeln zubereiten.

20 min.
ZU TUN
20 min.
IM OFEN

Darauf sind alle heiß: Hier werden Makkaroni und Brokkoli, Kartoffelpüree und Rote Bete originell und blitzschnell kombiniert. Einfach gut!

FÜR PASTAFANS

brokkoli-makkaroni-auflauf

Salz
300 g kurze Makkaroni
400 g TK-Brokkoli
1 große Zwiebel
4 EL kalte Butter
2 EL Mehl
350 ml Gemüsebrühe
100 g Frischkäse mit Joghurt
Pfeffer
Muskatnuss
3 EL Semmelbrösel
Und: breite ofenfeste Form

Für 4 Personen
Pro Portion ca. 450 kcal, 15 g EW, 14 g F, 67 g KH

1 Ca. 3 l Wasser in einem breiten Topf zum Kochen bringen und salzen. Die Makkaroni darin nach Packungsangabe nur gerade eben bissfest garen, in den letzten 3 Min. den TK-Brokkoli dazugeben.

2 Die Zwiebel schälen und würfeln. Den Backofen auf 175° vorheizen. – NEIN / In d. kalten Ofen

3 2 EL Butter in einem Topf zerlassen, die Zwiebel darin glasig anschwitzen. Das Mehl darüberstreuen und unter Rühren anschwitzen, dann unter Rühren die Gemüsebrühe angießen. Aufkochen lassen, den Frischkäse einrühren und alles mit Salz, Pfeffer und 1 Prise Muskat würzen. Sauce bei schwacher Hitze 5 Min. köcheln lassen.

4 Die Nudel-Brokkoli-Mischung gut abtropfen lassen und in die Form geben. Die Zwiebelsauce darüber verteilen. Die Semmelbrösel darüberstreuen, die restliche kalte Butter in Flöckchen daraufsetzen. Alles im vorgeheizten Ofen (Mitte) ca. 30 Min. überbacken.

WINTERVITAMINE

rote bete im kartoffelbett

4 Eier (Größe M)
1 Bund Petersilie
1 Paket Kartoffelpüree für 3–4 Portionen
evtl. Milch für das Püree
500 g gekochte rote Bete (vakuumverpackt)
100 g Butterkäse
4 EL Sonnenblumenkerne
Und: breite ofenfeste Form

Für 4 Personen
Pro Portion ca. 530 kcal, 20 g EW, 20 g F, 65 g KH

1 Die Eier anstechen und in 10 Min. hart kochen. Wasser für das Püree zum Kochen bringen. Den Backofen auf 200° vorheizen.

2 Die Petersilie waschen, trocken schütteln und die Blättchen hacken. Das Kartoffelpüree nach Packungsangabe mit Wasser und/oder Milch zubereiten, die Petersilie unterrühren. Das Püree in die Form geben und darin gleichmäßig verteilen.

3 Die Roten Beten abtropfen lassen und halbieren, mit den Rundungen nach oben in das Püree setzen.

4 Die Eier abgießen, kalt abschrecken, schälen und würfeln. Den Käse ebenfalls würfeln. Eierwürfel, Käse und Sonnenblumenkerne über die Roten Beten und das Kartoffelpüree streuen. Alles im vorgeheizten Ofen (Mitte) ca. 25 Min. backen.

15 min. ZU TUN
25 min. IM OFEN

INGWER-FRISCH

süßkartoffeln vom blech

1 kleines Stück frischer Ingwer (ca. 30 g)
2 Knoblauchzehen
5 EL Öl
Salz | Pfeffer
2 TL Currypulver
1 kg Süßkartoffeln
½–1 Bund Schnittlauch oder Koriandergrün
300 g kleine feste Champignons
50 g gesalzene geröstete Cashewkerne
Und: Backblech | Backpapier

Für 4 Personen
Pro Portion ca. 410 kcal, 8 g EW, 19 g F, 54 g KH

1 Den Ingwer und den Knoblauch schälen und fein hacken. In einer großen Schüssel mit dem Öl, 1 TL Salz, Pfeffer und dem Currypulver verrühren. Die Süßkartoffeln schälen, in knapp 1 cm dicke Scheiben schneiden und in der Marinade wenden.

2 Schnittlauch oder Koriandergrün waschen, trocken schütteln und hacken bzw. in Röllchen schneiden. Zugedeckt beiseitestellen.

3 Den Backofen auf 200° vorheizen. Die Champignons mit einem feuchten Tuch abreiben oder kurz waschen, dann putzen und vorsichtig mit den Süßkartoffeln mischen. Alles auf dem mit Backpapier belegten Blech verteilen. Die Cashewkerne nach Belieben etwas kleiner hacken und darüberstreuen.

4 Alles im vorgeheizten Ofen (Mitte) ca. 25 Min. garen. Mit Schnittlauch oder Koriandergrün bestreut servieren.

INFO: SÜSSKARTOFFELN In größeren Supermärkten liegen neben unseren herkömmlichen Kartoffeln immer häufiger auch etwas größere Knollen mit rötlicher Schale und oftmals leuchtend orangenem, leicht süßlichem Fruchtfleisch. Dabei handelt es sich um Süßkartoffeln oder »Bataten«, die in vielen Ländern ungemein beliebt sind. Zubereiten lassen sie sich ähnlich wie unsere Kartoffeln, wenn sie auch, botanisch betrachtet, mit diesen nur entfernt verwandt sind.

FRÜHLINGSFRISCH GEFÜLLT

kräuter-frischkäse-cannelloni

- 1 Glas Tomatensauce (400–500 g; Fertigprodukt)
- 100 ml Gemüsebrühe
- 1 großes Bund gemischte Kräuter (z. B. Kräuter für Frankfurter grüne Sauce)
- 1 rote Zwiebel
- 300 g leichter Frischkäse
- 250 g Magerquark
- Salz | Pfeffer
- edelsüßes Paprikapulver
- 16 Cannelloni »ohne Kochen« (ca. 200 g)
- 200 g Ziegen-Weichkäse
- Und: breite rechteckige ofenfeste Form | Spritzbeutel oder Gefrierbeutel

Für 4 Personen
Pro Portion ca. 500 kcal, 36 g EW, 19 g F, 44 g KH

1 Ein Viertel der Tomatensauce in die Form geben und darin mit der Gemüsebrühe verrühren.

2 Die Kräuter waschen und trocken schütteln. Die Blättchen abzupfen und fein hacken. Die Zwiebel schälen und in feine Würfel schneiden. Beides mit Frischkäse und Magerquark verrühren, mit Salz, Pfeffer und Paprikapulver würzen.

3 Den Backofen auf 200° vorheizen. Die Kräutercreme in einen Spritzbeutel geben, die Cannelloni damit füllen. Alternativ die Creme in einen Gefrierbeutel füllen, eine Ecke abschneiden und diesen Beutel als Spritzbeutel verwenden.

4 Die gefüllten Nudelrollen nebeneinander in die vorbereitete Form legen und mit der restlichen Tomatensauce bedecken. Den Ziegen-Weichkäse in dünne Scheiben oder Stücke schneiden und darauf verteilen. Alles im vorgeheizten Ofen (Mitte) ca. 30 Min. garen.

TURBO-TIPP Noch etwas schneller stehen die Cannelloni im Ofen, wenn Sie tiefgefrorene Kräuter und geriebenen Emmentaler verwenden.

15 min.
ZU TUN
30 min.
IM OFEN

Frankreich und Mexiko im kulinarischen Wettstreit! Eines haben die Kreationen gemeinsam – die würzige Käsekruste ist für beide ein Gewinn.

PIKANT-WÜRZIG

gebackene käse-baguettes

2 Baguettes zum Aufbacken (à 200 g)
2 Knoblauchzehen
100 g Doppelrahm-Frischkäse
1 EL gemischte TK-Kräuter
6 getrocknete, in Öl eingelegte Tomaten
Salz | Pfeffer
150 g Kirschtomaten
125 g Büffel-Mozzarella
100 g Gorgonzola
Cayennepfeffer
Und: Backblech | Backpapier

Für 4 Personen
Pro Portion ca. 630 kcal, 24 g EW, 34 g F, 58 g KH

1 Den Backofen auf 225° vorheizen. Die Baguettes quer halbieren.

2 Den Knoblauch schälen und zerdrücken, mit dem Doppelrahm-Frischkäse und den TK-Kräutern verrühren. Die Tomaten klein schneiden und untermischen. Mit Salz und Pfeffer abschmecken. Die Baguettehälften damit bestreichen.

3 Die Kirschtomaten waschen, halbieren und mit den Schnittflächen auf den Frischkäse legen. Die Hälften auf das mit Backpapier belegte Blech geben.

4 Den Mozzarella abtropfen lassen und in dünne Scheiben schneiden, den Gorgonzola klein schneiden. Beide Käsesorten auf die Baguettehälften verteilen. Etwas Cayennepfeffer aufstreuen. Das Blech in den vorgeheizten Ofen (Mitte) schieben, die Baguettes ca. 12 Min. backen.

SCHÖN DAZU **Bunter Salat mit einem würzigen Balsamico-Dressing passt wunderbar.**

MEXIKANISCH INSPIRIERT

enchiladas mit bohnengemüse

1 Bund Frühlingszwiebeln
1 große Dose geschälte Tomaten (800 g)
1 Msp. getrocknete zerbröselte Chilischoten
Salz | Pfeffer
1 TL gemahlener Kreuzkümmel
300 g TK-Brechbohnen
1 Dose Kidneybohnen (ca. 250 g Abtropfgewicht)
125 g Cheddarkäse
1 Paket weiche Weizen-Tortillas (ca. 330 g)
Und: rechteckige ofenfeste Form

Für 4 Personen
Pro Portion ca. 540 kcal, 25 g EW, 13 g F, 80 g KH

1 Die Frühlingszwiebeln waschen, putzen und in feine Ringe schneiden. Zusammen mit den Tomaten in einem Topf zum Kochen bringen. Die Tomaten zerdrücken, mit Chilibröseln, Salz, Pfeffer und Kreuzkümmel würzen und leicht cremig einköcheln lassen.

2 Den Backofen auf 225° vorheizen. Die TK-Bohnen mit wenig Wasser in einem Topf 3–4 Min. köcheln lassen. Die Kidneybohnen in ein Sieb geben, kalt abbrausen und dazugeben. Bohnengemüse salzen, pfeffern und erneut in dem Sieb abtropfen lassen. Den Käse grob raspeln.

3 Den Boden der Form dünn mit Tomatensauce bedecken. Die Tortillas jeweils mit etwas Tomatensauce bestreichen, das Gemüse in der Mitte daraufgeben. Jeweils zwei Tortilla-Seiten über die Füllung legen und in die Form setzen. Übrige Tomatensauce und Käse darüber verteilen. Im vorgeheizten Ofen (Mitte) ca. 15 Min. überbacken.

TURBO-TIPP **Fertig geriebenen Käse kaufen und statt der selbst gekochten Tomatensauce fertige Pastasauce nehmen und mit Kreuzkümmel würzen. In größeren Supermärkten finden Sie eine mexikanische TK-Gemüsemischung, die sich ebenfalls gut als Füllung eignet.**

20 min. ZU TUN
30 min. IM OFEN

SANFT & KERNIG

gefüllte riesenchampignons

9 Riesenchampignons
(insgesamt ca. 900 g; s. Tipp)
1 große Möhre
1 große Zwiebel
3 EL Olivenöl
5 EL Sonnenblumenkerne
2 Scheiben Toastbrot
75 g geriebener Emmentaler
Salz | Pfeffer
150 ml trockener Weißwein
150 g Sahne
Und: breite ofenfeste Form

Für 4 Personen
Pro Portion ca. 430 kcal, 16 g EW, 33 g F, 12 g KH

1 Die Pilze mit einem feuchten Tuch abreiben oder kurz waschen, die Stiele herausdrehen und klein würfeln. Die Möhre putzen, schälen und grob raspeln. Die Zwiebel schälen und ebenfalls fein würfeln.

2 Den Backofen auf 200° vorheizen. Das Olivenöl in einer Pfanne erhitzen, die Sonnenblumenkerne darin leicht und goldgelb anbraten. Die Zwiebeln dazugeben und etwas Farbe annehmen lassen, dann die gehackten Pilzstiele und die Möhrenraspel einrühren. Alles ca. 5 Min. unter häufigem Rühren garen.

3 Die Pilzköpfe zum Füllen nebeneinander in die Form setzen. Das Toastbrot klein würfeln.

4 Den geriebenen Emmentaler unter die Möhrenmischung rühren und diese mit Salz und Pfeffer würzen. Die Pilze damit füllen. Die Toastbrotwürfel über die Pilze streuen.

5 Den Weißwein und die Sahne verquirlen, salzen und pfeffern und um die Pilze gießen. Alles im vorgeheizten Ofen (Mitte) ca. 30 Min. backen.

TIPP **Mit Riesenchampignons, die auch Portobello-Pilze genannt werden und pro Stück ca. 100 g wiegen, gelingt das Vorbereiten und Füllen blitzschnell. Natürlich können Sie auch kleinere Pilze nehmen. Sie brauchen allerdings ein paar mehr Exemplare und sollten auch etwas mehr Zeit einplanen, bis die Form im Ofen steht.**

Genuss für jeden Tag: Raclettefans freuen sich über eine unkomplizierte Alltagsvariante. Und Tortellini werden im Ofen mit Mais und Paprika zum Lieblingsgratin.

ALLTAGSVARIANTE DES KLASSIKERS

raclette aus dem ofen

1 kg kleine Kartoffeln (»Drillinge«)
Salz
125 g kleine feste Champignons
125 g kleine Kirschtomaten
2 feste Bio-Birnen
2 EL Zitronensaft
4 mittelgroße Gewürzgurken
200 g Raclettekäse in Scheiben
Pfeffer
Und: 4 ofenfeste Portionsformen oder Backblech

Für 4 Personen
Pro Portion ca. 350 kcal, 17 g EW, 15 g F, 38 g KH

1 Die Kartoffeln waschen und abbürsten, zugedeckt in wenig Salzwasser 10–12 Min. gerade eben gar kochen.

2 Inzwischen den Backofen auf 200° vorheizen. Die Champignons mit einem feuchten Tuch abreiben oder kurz waschen, dann putzen. Die Kirschtomaten waschen. Die Birnen waschen und gut abreiben, vierteln und entkernen. Die Birnenviertel dann quer in Scheiben schneiden und mit Zitronensaft beträufeln. Die Gewürzgurken etwas kleiner schneiden.

3 Die Kartoffeln abgießen, nach Belieben halbieren und mit Champignons, Tomaten, Birnen und Gewürzgurken in die Formen oder auf das Backblech geben. Den Raclettekäse darüberlegen, etwas Pfeffer darübermahlen. Alles im vorgeheizten Ofen (Mitte) ca. 30 Min. backen.

MAL ANDERS Zum klassischen Raclette passen viele weitere Zutaten, die Sie ebenfalls mit in die Auflaufform geben können: Ergänzen Sie z.B. mit klein gewürfeltem Schinken, Wiener Würstchen, eingelegtem Kürbis, Silberzwiebeln oder Oliven.

SCHNELLES NUDELGLÜCK

buntes tortellinigratin

2 EL Butter
1 ½ EL Mehl
300 ml Gemüsebrühe
1 grüne Paprikaschote
1 Dose Maiskörner (ca. 330 g Abtropfgewicht)
400 g frische Tortellini mit Ricottafüllung (Kühlregal)
100 g Crème fraîche
2 EL Tomatenmark
Salz | Pfeffer
75 g geriebener Mozzarella
Und: breite ofenfeste Form oder Gratinform

Für 4 Personen
Pro Portion ca. 480 kcal, 17 g EW, 23 g F, 51 g KH

1 Die Butter in einem Topf zerlassen. Das Mehl einstreuen und goldgelb anschwitzen. Unter Rühren nach und nach die Brühe angießen und alles zu einer cremigen Sauce kochen. 5 Min. bei schwacher Hitze leicht köcheln lassen.

2 Den Backofen auf 200° vorheizen. Die Paprikaschote waschen, putzen und in Streifen oder Würfel schneiden. Den Mais in einem Sieb abtropfen lassen. Das Gemüse mit den Tortellini in der Form mischen.

3 Crème fraîche und das Tomatenmark unter die Sauce rühren. Die Sauce mit Salz und Pfeffer abschmecken und über Gemüse und Tortellini verteilen.

4 Den Mozzarella darüberstreuen, alles im vorgeheizten Ofen (unten) ca. 25 Min. backen.

SCHÖN DAZU Für Tomatensalat einen Naturjoghurt mit Salz, Pfeffer, etwas Zitronensaft, Olivenöl und tiefgefrorenem Basilikum abschmecken und über klein geschnittene Tomaten geben.

Ideen muss man haben: Minze und Kichererbsen überraschen im Auflauf, und unter samtigem Pastinakenpüree versteckt sich eiweißreicher Tofu.

BUNT UND GESUND

arabischer gemüseauflauf

1 dicke Stange Lauch
1 rote Paprikaschote
3 Stangen Staudensellerie
1 Möhre | Salz
1 Dose Kichererbsen (ca. 240 g Abtropfgewicht)
1 Bund Petersilie
6 Zweige frische Minze
500 g griechischer oder türkischer Joghurt
Pfeffer
100 g Schafskäse (Feta)
3 EL Pinienkerne
1–2 Msp. getrocknete zerbröselte Chilischoten
Und: breite ofenfeste Form

Für 4 Personen
Pro Portion ca. 470 kcal, 23 g EW, 25 g F, 38 g KH

1 Lauch, Paprika und Sellerie waschen und putzen. Die Möhre schälen. Den Lauch in Ringe schneiden und zugedeckt in wenig Salzwasser ca. 5 Min. vorgaren, dann gut abtropfen lassen. Paprika und Möhre in feine Streifen, Sellerie in Scheiben schneiden.

2 Den Backofen auf 200° vorheizen. Die Kichererbsen abtropfen lassen, mit dem vorbereiteten Gemüse mischen und in die Form geben.

3 Die Kräuter waschen und trocken schütteln. Die Blättchen abzupfen und fein hacken. Mit dem Joghurt verrühren, mit Salz und Pfeffer abschmecken und über das Gemüse geben.

4 Feta zerbröckeln und auf den Auflauf streuen, Pinienkerne und Chili ebenfalls aufstreuen. Auflauf im vorgeheizten Ofen (unten) ca. 30 Min. garen.

SCHÖN DAZU **Als Beilage Fladenbrot servieren oder Bulgur. Der grobe Hartweizen muss in leicht gesalzenem Wasser lediglich 10 Min. köcheln.**

WÜRZIG

überbackenes tofu-schnitzel

400 g Pastinaken (ersatzweise Möhren)
200 g mehligkochende Kartoffeln
Salz
2 Blöcke Naturtofu (à 250 g)
4 EL Öl
1–2 EL Currypulver
150 g Crème fraîche
Pfeffer
2 EL TK-Petersilie
3 EL Semmelbrösel
2 EL Röstzwiebeln (Fertigprodukt)
100 ml Gemüsebrühe
2 EL Tomatenmark
Und: breite ofenfeste Form

Für 4 Personen
Pro Portion ca. 500 kcal, 17 g EW, 36 g F, 27 g KH

1 Die Pastinaken und die Kartoffeln schälen, klein würfeln und zusammen zugedeckt in wenig Salzwasser in ca. 8 Min. garen.

2 Den Backofen auf 200° vorheizen. Die Tofu-Blöcke halbieren, sodass je zwei »Schnitzel« entstehen. Das Öl mit Currypulver und Salz verquirlen, die Tofu-Schnitzel darin wenden und nebeneinander in die Form setzen.

3 Die Pastinaken- und Kartoffelwürfel abtropfen lassen, mit einem Kartoffelstampfer oder einer Gabel zerdrücken und mit 1–2 EL Crème fraîche verrühren. Mit Salz und Pfeffer abschmecken und auf die Tofu-Schnitzel häufen.

4 TK-Petersilie mit den Semmelbröseln und den Röstzwiebeln mischen und über das Püree streuen. Die Gemüsebrühe mit der restlichen Crème fraîche und dem Tomatenmark verquirlen und um die Tofu-Schnitzel herum in die Form gießen. Alles im vorgeheizten Ofen (Mitte) ca. 15 Min. garen.

20 min.
ZU TUN
20 min.
IM OFEN

ORIGINELL

kartoffelspieße mit currysahne

750 g kleine Kartoffeln (»Drillinge«)
Salz
1 Zwiebel
2 EL Butter
2 EL Currypulver
2 TL Mehl
200 g Sahne
200 ml Milch
Pfeffer
150 g Kirschtomaten
Und: 8 Schaschlik-Spieße | breite ofenfeste Form

Für 4 Personen
Pro Portion ca. 340 kcal, 7 g EW, 22 g F, 30 g KH

1 Die Kartoffeln waschen und – falls nötig – abbürsten. Mit wenig Wasser in einen Topf geben, das Wasser aufkochen und salzen, die Kartoffeln zugedeckt ca. 10 Min. kochen lassen.

2 Inzwischen den Backofen auf 180° vorheizen. Die Zwiebel schälen und klein würfeln.

3 Die Butter in einem Topf zerlassen, die Zwiebelwürfel darin glasig anschwitzen. Currypulver und das Mehl einrühren und anschwitzen. Dann die Sahne und die Milch unter Rühren angießen, alles salzen und pfeffern und zu einer cremigen Sauce kochen. Falls die Sauce zu dick wird, etwas Wasser angießen.

4 Die Kirschtomaten waschen. Die Kartoffeln abgießen. Tomaten und Kartoffeln abwechselnd auf die Spieße stecken. Die Spieße nebeneinander in die Form legen. Die Sauce abschmecken und darüber verteilen. Alles im vorgeheizten Ofen (Mitte) ca. 20 Min. backen.

SCHÖN DAZU **Grüner oder gemischter Salat und Baguette, das Sie gut mit in den heißen Ofen legen und knusprig aufbacken können.**

SÜSSES
ZUM SATTESSEN

20 min. ZU TUN
30 min. IM OFEN

HIMBEERSAUCE ALS TOPPING

kerniger mango-joghurt-grieß

- 300 g Himbeeren (frisch oder tiefgekühlt)
- 2 EL Honig
- 2 Dose Mangospalten (à ca. 250 g Abtropfgewicht)
- 50 g Pinienkerne
- ½ l Milch
- 50 g Zucker
- 1 Prise Salz
- 80 g Grieß
- 125 g Naturjoghurt
- 2 Eier (Größe S)
- Und: 4 ofenfeste rechteckige Portionsformen (s. Tipp)

Für 4 Personen
Pro Portion ca. 560 kcal, 12 g EW, 16 g F, 92 g KH

1 Frische Himbeeren waschen und verlesen, tiefgefrorene Früchte in der Mikrowelle oder in einem Topf bei schwacher Hitze auftauen. Himbeeren mit dem Honig pürieren und nach Belieben durch ein Sieb streichen, um die Kernchen zu entfernen.

2 Den Backofen auf 200° vorheizen. Die Mangospalten in einem Sieb sehr gut abtropfen lassen. Die Pinienkerne in einer kleinen Pfanne ohne Fett leicht rösten, dann grob hacken.

3 Die Milch mit dem Zucker und dem Salz aufkochen. Den Grieß einrieseln lassen und unter Rühren bei schwacher Hitze in 3–4 Min. andicken lassen. Dann den Joghurt und die Eier gründlich unterrühren, zuletzt auch die Hälfte der Pinienkerne.

4 Die Grieß-Joghurt-Mischung in die Portionsformen verteilen. Die Mangospalten darauflegen. Alles mit den übrigen Pinienkernen bestreuen und im vorgeheizten Ofen (Mitte) ca. 30 Min. backen. Die Himbeersauce dazu servieren.

DIE PASSENDEN FORMEN In rechteckigen kleinen Formen (z. B. 12 cm × 16 cm) gelingt der süße Grieß besonders gut. Es macht aber nichts, wenn Ihre Förmchen kleiner sind oder Sie eine einzelne große Form nehmen möchten. Planen Sie dann einfach eine etwas längere Garzeit ein.

TURBO-TIPP Fertige Schokoladensauce aus dem Glas statt der pürierten Himbeeren als Sauce servieren.

20 min. ZU TUN
12 min. IM OFEN

LUFTIG & FRUCHTIG

vanillesoufflé mit aprikosen

50 g Butter
50 g Sahne
400 g reife Aprikosen
2 EL brauner Zucker
½ Bio-Zitrone
6 Eier (Größe M)
Salz
80 g Zucker
¼ TL gemahlene Vanille
50 g Mehl
Puderzucker zum Bestäuben
Und: breite ofenfeste Form

Für 4 Personen
Pro Portion ca. 540 kcal, 12 g EW, 23 g F, 70 g KH

1 Butter und Sahne in einem kleinen Topf oder in der Mikrowelle erhitzen, bis die Butter geschmolzen ist. Von der Kochstelle nehmen.

2 Die Aprikosen waschen, halbieren und entsteinen, in Spalten schneiden und in die Form geben. Mit dem braunen Zucker bestreuen.

3 Die Zitronenhälfte heiß abwaschen und abtrocknen, die Schale fein abreiben. Den Saft auspressen und über die Aprikosen geben.

4 Den Backofen auf 225° vorheizen. Die Eier trennen. Die Eiweiße mit 1 Prise Salz zu steifem Schnee schlagen, dabei gegen Ende ca. 50 g Zucker einrieseln lassen.

5 In einer anderen Schüssel die Eigelbe mit dem restlichen Zucker, der Vanille und der Zitronenschale dick-cremig schlagen. Den Einschnee daraufgeben, das Mehl darüberstreuen und alles kurz verrühren.

6 Die Butter-Sahne-Mischung über die Aprikosen gießen. Den Eierschaum als große Häufchen auf die Aprikosen setzen. Alles sofort in den vorgeheizten Ofen (unten) stellen und ca. 12 Min. garen. Soufflé mit Puderzucker bestäuben und sofort servieren – sonst fällt es zusammen.

TURBO-TIPP **Auf die Früchte in der Form verzichten und später Preiselbeeren aus dem Glas zu dem Soufflé servieren.**

Süße Träume schnell verwirklicht: Vanillewürziger Brotauflauf und der Hochstapler mit Pfannkuchen und Orangenquark schmecken großen und kleinen Naschkatzen.

PREISWERT

brotauflauf mit pflaumen

400 g Pflaumen
2 Eier (Größe M)
¼ l Milch
3 EL Zucker
1 Päckchen Vanillezucker
4–6 Brötchen vom Vortag
75 g Walnusskerne
50 g kalte Butter
1–2 EL Zimt-Zucker
Und: breite ofenfeste Form

Für 4 Personen
Pro Portion ca. 490 kcal, 11 g EW, 28 g F, 47 g KH

1 Den Backofen auf 200° vorheizen. Die Pflaumen waschen und abtropfen lassen, dann halbieren und entsteinen. In einer großen Schüssel die Eier mit der Milch, dem Zucker und dem Vanillezucker verquirlen.

2 Die Brötchen in Scheiben, die Scheiben in grobe Stücke schneiden. Die Scheiben in der Eiermilch wenden und in die Form geben. Die Pflaumen dazwischen stecken.

3 Die Walnusskerne grob hacken und über den Auflauf streuen. Die Butter würfeln und ebenfalls über den Auflauf verteilen, zuletzt den Zimt-Zucker aufstreuen. Alles im vorgeheizten Ofen (Mitte) ca. 25 Min. backen.

TURBO-TIPP Ersetzen Sie die Pflaumen durch weiche getrocknete oder durch eingemachte Früchte.

SÜSSE STAPELWARE

pfannkuchen mit orangenquark

400 ml Milch
1 Päckchen Sahnepuddingpulver zum Kochen
2 EL Zucker
150 g Orangenmarmelade
250 g Quark (20 %)
1 Packung Pfannkuchen (4–6 Stück; ca. 300 g)
100 g gehobelte Haselnusskerne
2 EL kalte Butter
Und: runde ofenfeste Form mit ca. 20 cm ∅ (s. Tipp)

Für 4 Personen
Pro Portion ca. 640 kcal, 20 g EW, 30 g F, 71 g KH

1 Den Backofen auf 200° vorheizen. In einem Topf die Milch mit dem Puddingpulver und dem Zucker mit einem Schneebesen kräftig verquirlen. Alles unter ständigem Rühren zum Kochen bringen, dicklich kochen und dann in eine Schüssel umfüllen.

2 In einer zweiten Schüssel Marmelade und Quark verrühren. Die Pfannkuchen abwechselnd mit dem Orangenquark und dem Vanillepudding in die Form schichten, dabei mit einer Schicht Pudding aufhören.

3 Die gehobelten Haselnüsse aufstreuen. Die Butter klein würfeln und obenauf verteilen. Alles im vorgeheizten Ofen (Mitte) ca. 30 Min. backen. Die gestapelten Pfannkuchen vor dem Anschneiden nach Möglichkeit kurz ruhen lassen.

DIE PASSENDE FORM Statt einer runden Auflaufform, die die Größe der Pfannkuchen (ca. 20 cm ∅) hat, können Sie auch einen breiten Kochtopf mit ofenfesten Griffen nehmen. Oder Sie bestreichen die Pfannkuchen mit Pudding und Quark, klappen sie halb zusammen und legen sie nebeneinander in eine breite Form.

MAL ANDERS Mit anderen Marmeladen- oder Konfitürensorten schmeckt der Auflauf ebenso gut.

SANFTES IM MOHNBETT

kirschen mit klößchen

1 Beutel Kartoffelknödelteig (750 g; Kühlregal)
Salz
4 Eier (Größe M)
¼ l Milch
50 g Zucker
3 EL Mohn
1 Glas entsteinte Sauerkirschen (ca. 350 g Abtropfgewicht)
Und: breite ofenfeste Form

Für 4 Personen
Pro Portion ca. 480 kcal, 13 g EW, 11 g F, 79 g KH

1 Ca. 2 l Wasser für die Knödel zum Kochen bringen. Aus dem Knödelteig 30 Bällchen formen, die etwa die Größe von Minigolfbällen haben. Das Wasser leicht salzen, die Klößchen in das kochende Wasser legen. Aufkochen, dann bei schwacher Hitze 10 Min. ziehen lassen.

2 Inzwischen den Backofen auf 200° vorheizen. Die Eier mit der Milch, dem Zucker und dem Mohn in einer Schüssel verquirlen. Die Kirschen in einem Sieb abtropfen lassen.

3 Die Klößchen mit einer Schaumkelle aus dem Wasser heben und dabei gut abtropfen lassen. Klößchen mit den Kirschen in die Form geben. Die Eier-Mohn-Milch darübergießen. Alles im vorgeheizten Ofen (Mitte) ca. 30 Min. backen.

TURBO-TIPP Bereits fertig geformte Mini-Knödel aus der Packung müssen Sie nicht mehr rollen, sondern nur noch 5–7 Min. in Wasser garen. Ganz nach Geschmack können Sie zu Kartoffel- oder Semmelknödeln greifen.

MAL ANDERS Statt mit Kirschen schmeckt diese süße Verführung auch mit anderen Früchten. Besonders gut passen beispielsweise Aprikosen oder Zwetschgen, deren Säure wie bei den Kirschen einen feinen Kontrast zu Zucker und Mohn bildet. Wenn Sie einige Minuten mehr Zeit für die Vorbereitung erübrigen können, sollten Sie frische Früchte nehmen und diese waschen, entsteinen und ganz kurz in einem breiten Topf erhitzen, bevor Sie sie in die Form geben.

20 min.
ZU TUN
30 min.
IM OFEN

Italienisch für süße Genießer: Ungewöhnlich belegte Pizza und Früchte mit mandelwürziger Begleitung lassen Sie im Nu vom Süden träumen.

FÜR NASCHKATZEN

süße himbeer-ananas-pizza

1 Rolle backfertiger Pizzateig (ca. 400 g; Kühlregal; s. Tipp)
½ frische Ananas
250 g Ricotta
150 g Himbeerkonfitüre
2 Eigelbe
2 EL Speisestärke
50 g Mandelblättchen
Und: Backblech

Für 4 Personen
Pro Portion ca. 570 kcal, 18 g EW, 26 g F, 64 g KH

1 Den Backofen auf 200° vorheizen. Den Teig auswickeln und mit dem in der Packung enthaltenen Backpapier auf ein Backblech heben.

2 Die Ananas schälen und längs vierteln. Den Strunk jeweils abschneiden. Die Ananasviertel quer in Stücke schneiden.

3 Ricotta mit der Himbeerkonfitüre, den Eigelben und der Speisestärke verrühren und auf dem Pizzateig verstreichen. Die Ananasstücke darauf verteilen, die Mandelblättchen aufstreuen. Die Pizza im vorgeheizten Ofen (unten) ca. 18 Min. backen.

TIPP **Die dezent salzige Note des Fertigteigs bildet einen reizvollen Kontrast zum cremig-süßen Belag. Wer es nur süß mag, backt die Pizza einfach mit fertig ausgerolltem Hefeteig, der manchmal in Supermärkten angeboten wird.**

MAL ANDERS **Erleben Sie süßen Pizzagenuss immer wieder neu: mit Quark statt Ricotta, mit Konfitüre aus Kirschen oder Aprikosen statt aus Himbeeren, mit Birnen oder Äpfeln statt Ananas, mit Walnüssen oder Pinienkernen statt Mandeln.**

MARZIPANWÜRZIG

birnengratin mit amaretti

150 g Amaretti
Saft von 1 Zitrone
4 EL heller Honig
1 Prise Lebkuchengewürz oder Nelkenpulver
4 Birnen
125 g getrocknete Kirschen (oder Sultaninen)
200 g Schmand
3 Eier (Größe M)
Und: breite ofenfeste Form

Für 4 Personen
Pro Portion ca. 530 kcal, 12 g EW, 26 g F, 61 g KH

1 Den Backofen auf 200° vorheizen. Die Amaretti mit den Händen in einer Schüssel ein wenig zerdrücken. Die Hälfte davon in die Form streuen.

2 Zitronensaft mit dem Honig und dem Lebkuchengewürz oder dem Nelkenpulver in einer großen Schüssel verrühren. Die Birnen schälen, vierteln und entkernen. Die Spalten quer in Scheiben schneiden und sofort mit der Zitronensaftmischung vermengen. Getrocknete Kirschen untermischen.

3 Die Birnenmischung auf den Amarettiboden geben. Den Schmand mit den Eiern verquirlen und darüber verteilen, die übrigen Amaretti aufstreuen. Alles im vorgeheizten Ofen (Mitte) ca. 30 Min. backen.

MAL ANDERS **Wählen Sie andere Kekse, wenn Ihnen die Marzipannote der Amaretti nicht gefällt, oder wenn Sie die italienischen Mandelplätzchen nicht bekommen. Gut eignen sich beispielsweise Löffelbiskuits.**

15 min. ZU TUN
30 min. IM OFEN

EXOTISCH-AROMATISCH

kokos-bananen-gratin

400–500 g Baguette (besser 2 kleine als 1 großes Baguette)
1 Dose Kokosmilch (400 ml)
4 Eier (Größe M)
4 EL brauner Zucker
4 Bananen
Saft von 1 Zitrone
100 g getrocknete Soft-Cranberrys
6 EL getrocknete Kokos-Chips (s. Tipp)
Und: breite ofenfeste Form

Für 4 Personen
Pro Portion ca. 720 kcal, 19 g EW, 17 g F, 123 g KH

1 Den Backofen auf 200° vorheizen. Das Baguette in dünne Scheiben schneiden, die Hälfte der Scheiben zusätzlich würfeln.

2 In einer Schüssel die Kokosmilch gründlich mit den Eiern und dem Zucker verquirlen.

3 Die Bananen schälen und in Scheiben schneiden, mit dem Zitronensaft beträufeln und zusammen mit dem gewürfelten Baguette in die Form geben. Die Baguettescheiben darauf arrangieren.

4 Die Kokos-Eier-Milch darüber verteilen, dann die Cranberrys und die Kokos-Chips darüberstreuen. Im vorgeheizten Ofen (Mitte) ca. 30 Min. backen.

INFO: KOKOS-CHIPS **Früher gab es lediglich die feinen getrockneten Kokosraspel zu kaufen. Mittlerweile findet man in größeren Supermärkten immer häufiger auch die knackigen Kokos-Chips, die dünn gehobelten und dann getrockneten Späne aus Kokosnussfleisch.**

20 min.
ZU TUN
20 min.
IM OFEN

ARABISCH INSPIRIERT

dattel-orangen-milchreis

- 2 Beutel vorgegarter Milchreis (Folien-Standbeutel; à 250 g; s. Info)
- 400 ml Milch
- 1 Bio-Orange
- 100 g getrocknete Datteln
- ½–1 TL gemahlener Kardamom
- ¼ TL Zimtpulver
- 2 säuerliche Bio-Äpfel (z. B. Boskop)
- 2 EL Zitronensaft
- 3 Eier (Größe M)
- 2 EL Puderzucker
- Und: 4 ofenfeste Portionsformen mit ca. 15 cm ∅ (s. Tipp)

Für 4 Personen
Pro Portion ca. 690 kcal, 18 g EW, 9 g F, 133 g KH

1 Den Milchreis nach Packungsangabe mit der Milch zubereiten. Den Backofen auf 200° vorheizen.

2 Die Orange heiß abwaschen und abtrocknen, die Schale fein abreiben und den Saft auspressen. Die Datteln entsteinen und klein würfeln.

3 Orangensaft, Orangenschale, Datteln, Kardamom und Zimtpulver unter den Reis mischen. Alles in die Portionsformen geben.

4 Die Äpfel nach Belieben schälen oder waschen und gut abreiben. Äpfel vierteln und entkernen. In Spalten schneiden und mit Zitronensaft beträufeln. Spalten dekorativ, z. B. blütenförmig, auf dem Reis auslegen.

5 Die Eier mit dem Puderzucker verquirlen und über die Äpfel träufeln. Alles im vorgeheizten Ofen (Mitte) ca. 20 Min. backen.

INFO: MILCHREIS Herkömmlicher Milchreis braucht mindestens 45 Min. Zubereitungszeit. Viel schneller fertig ist vorgegarter Reis, bei dem Sie den Beutelinhalt nur kurz mit 200 ml Milch aufkochen müssen. Achten Sie auf die Packungsangabe! Manche Hersteller bieten vorgegarten Reis an, der zunächst mit ½ l Milch gekocht werden und dann noch 10 Min. ruhen muss. Für ganz Bequeme gibt es fertigen Milchreis im Kühlregal.

DIE PASSENDEN FORMEN Jeder bekommt seinen eigenen Auflauf, wenn Sie Reis und Äpfel in kleinen runden Portionsformen backen. Natürlich können Sie den Auflauf auch in einer einzelnen breiten Form zubereiten. Verlängern Sie dann um ca. 15 Min. die Garzeit.

Davon bleibt garantiert nichts übrig: Dunkle Streusel toppen samtige Quarkcreme, und würzige Bratäpfel aromatisieren das süße Grießbett.

AUCH KALT LECKER

quarkauflauf mit pumpernickel

Für den Quark
500 g Magerquark
1 Päckchen Vanille-Puddingpulver zum Kochen
2 EL Zucker
3 Eier (Größe M)
200 g weiche getrocknete Aprikosen (»Soft-Aprikosen«)
Für die Streusel
125 g Pumpernickel
50 g kalte Butter
3 EL Zucker
Und: breite ofenfeste Form

Für 4 Personen
Pro Portion ca. 435 kcal, 24 g EW, 16 g F, 48 g KH

1 Den Backofen auf 175° vorheizen. In einer Schüssel den Quark mit dem Puddingpulver, dem Zucker und den Eiern sehr gründlich verrühren.

2 Die Aprikosen klein würfeln und unter die Quarkcreme mischen. Alles in die Form geben und darin glatt streichen.

3 Für die Streusel das Pumpernickelbrot zerbröckeln und über die Quarkcreme streuen. Die Butter in kleine Würfel schneiden und darüber verteilen. Alles mit dem Zucker bestreuen und im vorgeheizten Ofen (Mitte) ca. 30 Min. backen.

MAL ANDERS **Statt mit Aprikosen können Sie den Auflauf auch mit anderen getrockneten Früchten zubereiten, gern mit einer bunten Mischung. Wenn es frisches Obst sein soll, darf dieses nicht zu saftig ausfallen, sonst wird die Quarkmasse nicht fest.**

WECKT KINDHEITSERINNERUNGEN

honig-creme mit bratäpfeln

½ Bio-Zitrone
½ l Milch
2 EL Honig
30 g Butter
70 g Grieß
4 kleine Bio-Äpfel (z. B. Cox Orange; à ca. 125 g)
30 g Rosinen
2 EL Zucker
1 EL Zimtpulver
Und: breite ofenfeste Form oder 4 ofenfeste Portionsformen

Für 4 Personen
Pro Portion ca. 280 kcal, 7 g EW, 11 g F, 37 g KH

1 Die Zitronenhälfte heiß abwaschen und abtrocknen, die Schale fein abreiben und den Saft auspressen.

2 Die Milch mit der Zitronenschale und dem Honig in einem Topf verrühren und aufkochen lassen. Die Butter darin zerlassen. Den Grieß einrühren und alles bei schwacher Hitze 5 Min. unter gelegentlichem Umrühren quellen lassen.

3 Den Backofen auf 200° vorheizen. Die Äpfel gründlich waschen und abreiben, die Kerngehäuse ausstechen. Die Rosinen mit dem Zitronensaft mischen. Den Zucker mit dem Zimtpulver mischen.

4 Den Honig-Grieß in die Form oder die Portionsformen geben. Die Äpfel in den Grieß setzen. Die Rosinen in die Äpfel füllen, den Zimt-Zucker darüber aufhäufen und dabei auch in die ausgehöhlten Äpfel rieseln lassen. Alles im vorgeheizten Ofen (Mitte) ca. 25 Min. garen.

20 min. ZU TUN
25–30 min. IM OFEN

DAZU SAMTIGE VANILLESAUCE

brombeeren mit mandelhaube

Für das Gratin
2 Eier (Größe M)
100 ml Milch
30 g Mehl
25 g gemahlene Mandeln
25 g gehackte Mandeln
40 g Zucker
1 TL Zimtpulver
300 g Brombeeren (frisch oder tiefgekühlt)
Für die Sauce
3 Eigelbe
50 g Zucker
100 ml Milch
75 g Sahne
½ TL gemahlene Vanille
Und: 4 ofenfeste Portionsformen mit ca. 15 cm ∅

Für 4 Personen
Pro Portion ca. 400 kcal, 12 g EW, 23 g F, 36 g KH

1 Die Eier trennen. Die Eiweiße beiseitestellen. Die Eigelbe mit der Milch, dem Mehl, den gemahlenen und gehackten Mandeln, dem Zucker und dem Zimtpulver in eine Schüssel geben und mit einem Schneebesen kräftig verrühren. Zugedeckt 10 Min. beiseitestellen und quellen lassen.

2 Den Backofen auf 200° vorheizen. Für die Sauce die Eigelbe mit dem Zucker hell-cremig aufschlagen. Die Milch und die Sahne zusammen einmal aufkochen, dann löffelweise unter die Eigelbcreme rühren. Mischung in einen kleinen Topf gießen und die Vanille einrühren. Alles bei schwacher Hitze mit einem Schneebesen verrühren, bis die Sauce leicht dicklich wird. In eine Schüssel umfüllen und beiseitestellen.

3 Die Brombeeren für das Gratin in den Portionsformen verteilen. Die übrigen Eiweiße zu steifem Schnee schlagen und unter den Mandelteig heben. Teig über die Brombeeren geben. Alles im vorgeheizten Ofen (Mitte) in 25–30 Min. goldbraun backen. Die Vanillesauce dazu servieren.

DIE PASSENDEN FORMEN In den Portionsformen sieht die Süßspeise besonders appetitlich aus. Sie können aber ebenso gut eine breite Gratinform verwenden und dann die Backzeit um 10–15 Min. verlängern. Prüfen Sie mit einem spitzen Messer in der Mitte des Mandelteiges, ob er schon durchgebacken ist.

TURBO-TIPP Noch schneller geht es, wenn Sie fertige Vanillesauce kaufen oder welche aus dem Päckchen anrühren.

register

Damit Sie auch Rezepte mit bestimmten Zutaten finden können, stehen hier zusätzlich Zutaten wie **Birnen** oder **Zucchini** – alphabetisch geordnet und **hervorgehoben** – über den entsprechenden Rezepten.

So viel mehr lecker.

ISBN 978-3-8338-1579-9

ISBN 978-3-8338-2204-9

ISBN 978-3-8338-2522-4

ISBN 978-3-8338-1677-2

Laden im App Store

ISBN 978-3-8338-2737-2

Alle hier vorgestellten Bücher sind auch als eBook erhältlich.

Mehr von GU auf **www.gu.de** und
facebook.com/gu.verlag

Willkommen im Leben.

© privat

Die Autorin

Angelika Ilies ist seit vielen Jahren als freie Autorin und Food-Journalistin tätig und hat bei GU schon etliche erfolgreiche Kochbücher geschrieben. Sie liebt die schnelle, unkomplizierte Küche und überrascht ihre Familie gern mit immer neuen Kreationen, bei denen Sie oft Klassisches durch ungewöhnliche Zutaten und Aromen abwandelt. Beim Ausprobieren der Ofengerichte genoss sie sehr, dass nach dem Essen nur noch die Teller in die Spülmaschine geräumt werden mussten, die (neue) Küche aber bereits wieder glänzte.

Der Fotograf

Thorsten Suedfels lebt als freier Fotograf in Hamburg und fotografiert vor allem Food und Stills für Magazine, Verlage und Agenturen. Unterstützt wird er dabei meist von Pia Westermann (Foodstyling) und Dörthe Schenk (Styling), mit denen er auch die Gerichte in diesem Buch in Szene gesetzt hat.

Bildnachweis

Alle Fotos: Thorsten Suedfels

Titelrezept

Spargeltarte mit Ricotta (S. 80)

Umwelthinweis

Dieses Buch ist auf PEFC-zertifiziertem Papier aus nachhaltiger Waldwirtschaft gedruckt.

Backofenhinweis

Die Backzeiten können je nach Herd variieren. Die Temperaturangaben beziehen sich auf das Backen im Elektroherd mit Ober- und Unterhitze und können bei Gasherden oder Backen mit Umluft abweichen. Details entnehmen Sie bitte Ihrer Gebrauchsanweisung.

Projektleitung: Sabine Sälzer
Lektorat: Susanne Bodensteiner
Korrektorat: Mischa Gallé
Umschlag und Gestaltung: independent Medien-Design, Horst Moser, München
Herstellung: Sigrid Frank, Petra Roth
Satz: Uhl + Massopust, Aalen
Repro: Longo AG, Bozen
Druck: Firmengruppe APPL, aprinta druck, Wemding
Bindung: Conzella, Pfarrkirchen

Syndication:
www.jalag-syndication.de

ISBN 978-3-8338-3313-7

2. Auflage 2014

www.facebook.com/gu.verlag

QUALITÄTS G|U GARANTIE

Liebe Leserin, lieber Leser,

haben wir Ihre Erwartungen erfüllt? Sind Sie mit diesem Buch zufrieden? Haben Sie weitere Fragen zu diesem Thema? Wir freuen uns auf Ihre Rückmeldung, auf Lob, Kritik und Anregungen, damit wir für Sie immer besser werden können.

GRÄFE UND UNZER Verlag
Leserservice
Postfach 86 03 13
81630 München
E-Mail:
leserservice@graefe-und-unzer.de

Telefon: 00800 / 72 37 33 33*
Telefax: 00800 / 50 12 05 44*
Mo–Do: 8.00–18.00 Uhr
Fr: 8.00–16.00 Uhr
(gebührenfrei in D, A, CH)*

Ihr GRÄFE UND UNZER Verlag
Der erste Ratgeberverlag – seit 1722.

GRÄFE UND UNZER

Ein Unternehmen der
GANSKE VERLAGSGRUPPE